广东省经济发展报告
2017

GUANGDONG ECONOMY 2017

经济监测预测
与外资的作用

FORECAST AND IMPACTS
OF FOREIGN INVESTMENT

陈 鸿
王 曦 ▶ 著
王 茜

基金支持 /
/ 广东省高校高层次人才项目（珠江学者1414003）
/ 中山大学大科研团队培育建设项目

经济管理出版社
ECONOMY & MANAGEMENT PUBLISHING HOUSE

图书在版编目（CIP）数据

经济监测预测与外资的作用——广东省经济发展报告（2017）/陈鸿，王曦，王茜著．—北京：经济管理出版社，2017.5
ISBN 978 - 7 - 5096 - 5188 - 9

Ⅰ.①经… Ⅱ.①陈… ②王… ③王… Ⅲ.①区域经济发展—研究报告—广州—2017 Ⅳ.①F127.651

中国版本图书馆 CIP 数据核字（2017）第 143007 号

组稿编辑：王光艳
责任编辑：许　兵
责任印制：黄章平
责任校对：王淑卿

出版发行：经济管理出版社
　　　　　（北京市海淀区北蜂窝 8 号中雅大厦 A 座 11 层　100038）
网　　址：www. E - mp. com. cn
电　　话：(010) 51915602
印　　刷：北京玺诚印务有限公司
经　　销：新华书店
开　　本：787mm×1092mm/16
印　　张：8
字　　数：185 千字
版　　次：2017 年 12 月第 1 版　　2017 年 12 月第 1 次印刷
书　　号：ISBN 978 - 7 - 5096 - 5188 - 9
定　　价：158.00 元

本书课题组成员

王曦：中山大学中国转型与开放经济研究所所长、教授、博士生导师、珠江学者

陈鸿：中山大学中国转型与开放经济研究所特聘研究员

王茜：中山大学中国转型与开放经济研究所特聘副研究员

基金支持

广东省高校高层次人才项目（珠江学者　1414003）

中山大学大科研团队培育建设项目

前　言

　　2015 年，面对国外经济停滞分化和国内三期叠加深入的局面，我们组织优秀的科研力量系统探讨分析了广东经济的运行特征及其渊源，并提出政策建议。研究结果出版了《广东省经济发展报告（2015）》。报告甫一出版，即获得学界、业界的良好评价。时过两年，国内外经济形势发生了显著变化。两年间，广东省经济状况是否有所改变，在政策方面应如何应对新形势？这些问题很有持续跟踪的必要性。有鉴于此，我们再次组织力量进行研究，结果集中于本报告——《广东省经济发展报告（2017）：经济监测预测与外资的作用》。如题所示，本报告的新贡献是：针对广东省外向型经济的特征，以专题的形势具体分析研判了外商投资对广东经济的贡献影响问题。对广东省经济的科学治理，本报告应可提供重要参考，起到指引作用。

目　录

第一章　全球局势

在全球金融危机爆发后的第九年，尽管各主要经济体努力推出刺激性政策，但全球经济的复苏步伐依旧缓慢。2016 年国际货币基金组织对美国经济增速预期做了三次下降调整，也预期同年中国的经济增速比 2015 年略低。与此同时，纷繁复杂的国际时事政治为全球经济发展增添了不确定因素，让全球经济的复苏之路变得扑朔迷离。

第一节　全球经济形势

在过去的两年中世界经济增长势头依旧乏力，国际贸易呈现衰退趋势，大宗商品价格持续下行，全球总债务水平保持在高位，全球金融市场风险仍威胁着各国经济的稳定发展。本节通过 G7 成员国和金砖五国的数据来看 2015 年国际经济形势。除非特别说明，本节所用的数据均来自世界银行的《世界发展指数数据库》。

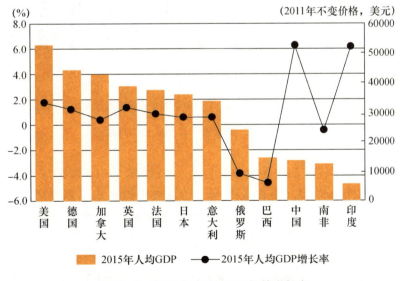

图 1 - 1　2015 年人均 GDP 及其增长率

由图 1 - 1 可知，从以购买力平价计算的人均 GDP 来看，美国在 G7 国家中仍保持不可逾越的优势以 5.27 万美元拔得头筹，德国和加拿大分别以 4.44 万美元和 4.29 万美元排列第二位和第三位，英国、法国、日本和意大利的人均 GDP 皆在 3 万美元以上。在金砖五国中，人均 GDP 最高的是自然资源丰富的俄罗斯，2015 年人均 GDP 达 2.39 万美元，巴西、中国和南非的人均 GDP 分别是 1.45 万美元、1.36 万美元和 1.24 万美元，而这几年经济发展快速增长的印度人均 GDP 则远低于 1 万美元。

在人均 GDP 增长率方面，中国和印度分别以 6.4% 和 6.3% 继续成为经济增长最快的两个国家。2015 年美国、英国和德国的人均 GDP 增长率分别为 1.8%、1.4% 和 1.2%，其余的 G7 四国的增长率为 0.2%~0.8%。而其余三个金砖国家的人均 GDP 却以负增长处于这十二个国家的底部，尤其是巴西，2015 年的人均 GDP 严重减少 4.7%。

作为重要的因素投入，各国的固定资本形成率也差别极大。2015 年中国的总储蓄占 GDP 的 48.7%，相应地，固定资本形成总额在 GDP 中的比重也高居 44%，在这十二个国家中名列第一。印度分别以 31.7% 和 29.3% 的比值列在第二位。值得注意的是，印度的这两个比值应该是被低估的数据。德国、俄罗斯、日本和意大利的储蓄率皆高于固定资本形成率，而法国、加拿大、美国、南非、巴西和英国的储蓄率则低于固定资本形成率（见图 1-2）。

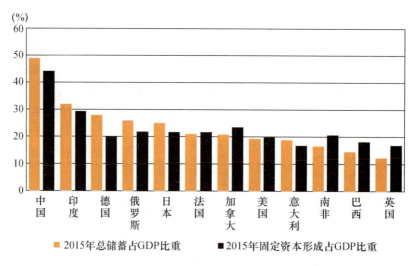

图 1-2　2015 年储蓄率和固定资本形成率

在引入外资方面，各国都积极制定、健全相关政策。2015 年全球外商直接投资流入量继续增长，同比增长 21.6%，发达国家和发展中国家均受惠良多。如图 1-3 所示，在金砖五国中，巴西外商直接投资净流入占 GDP 的比例最高，达 4.23%，中国和印度分别以 2.27% 和 2.1% 居第二位和第三位，南非和俄罗斯该比值约为 0.5%。在 G7 成员国中，加拿大一直是外商的理想投资国，2015 年加拿大的外商直接投资净流入占 GDP 的 3.59%，美国其次，为 2.1%，除了日本，其他四个 G7 成员国的外资净流入均为 1%~2%，而日本的外资净流入占 GDP 比重为 -0.001%。

从消费行为来看，G7 国家的最终消费支出均占 GDP 的 73% 以上，英国最高，为 84.5%。在金砖五国中，巴西和南非的最终消费支出占 GDP 的比重均高于 80%，俄罗斯和印度约为 70%，中国则是 50.8%。在 G7 国家中，政府最终消费占 GDP 比重最高的是法国（23.9%），然后是加拿大（21.2%）、日本（20.4）、英国（19.4%）、德国（19.2%）、意大利（18.9%）和美国（14.4%）。在金砖五国中，政府最终消费占GDP比重最高的是南非（20.7%），然后是巴西（20.2%）、俄罗斯（19.1%）、中国（13.8%）和印度（10.6%）（见图1-4）。

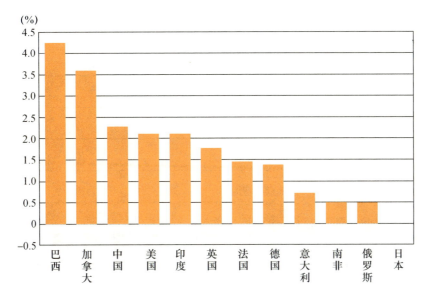

图1-3　2015年外商直接投资净流入占GDP比重

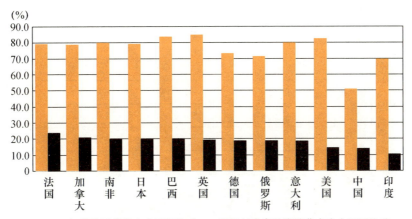

■2015年最终消费支出占GDP比重　■2015年政府最终消费支出占GDP比重

图1-4　2015年最终消费支出

在贸易方面，俄罗斯、德国、中国和意大利在2015年均处于贸易顺差，净出口占GDP比重分别为8.33%、7.57%、3.5%和3.08%。其他国家均处于贸易逆差，其中以美国为最高，贸易逆差占GDP比重高达2.89%（见图1-5）。

为了刺激消费和投资，不少经济体实行扩张性的货币政策，造成低利率、高负债与低速增长并行的局势。在本节所研究的这十二个国家中，日本、意大利、法国和德国甚至实行负利率。低利率、负利率刺激了金融信贷，但对金融市场和经济的稳健发展均造成潜在的威胁。2015 年日本对私营部门的金融信贷约是 GDP 的 3.77 倍，位于这十二个国家之首；美国对私营部门的金融信贷占 GDP 的 236%；其他 G7 成员国的该比值均在 130% ~170%。在金砖五国中，中国对私营部门的金融信贷占 GDP 的 194%，处五国之首；南非为 179%，列于第二位；巴西为 109%，列第三位；印度和俄罗斯均在 100% 以下（见图 1-6）。

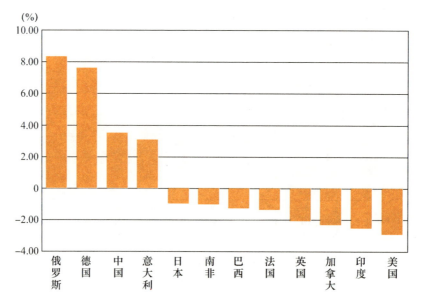

图 1-5   2015 年净出口占 GDP 比重

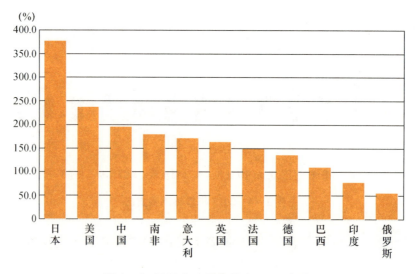

图 1-6   2015 年金融信贷占 GDP 比重

科技进步作为经济可持续发展的重要因素，越来越受各个国家的重视，不少国家投入人力、物力资源以发展科技。日本、德国、美国和法国作为科技大国，2013 年研发支出占 GDP 比重分别为 3.47%、2.83%、2.73% 和 2.24%。发展中国家在促进科技进步方面也不遗余力。在金砖五国中，中国 2013 年的研发支出占 GDP 的 2.01%，巴西和俄罗斯的该比重分别为 1.24% 和 1.13%（见图 1-7）。

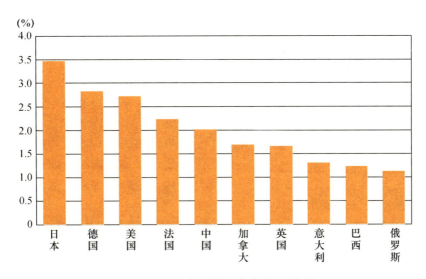

图 1-7　2013 年研发支出占 GDP 比重

低碳经济和低碳生活在全球范围内引起强烈倡导，减少每单位 GDP 的二氧化碳排放量不仅是缓解气候变暖的有效途径，也是经济可持续发展的必行之路。2013 年世界平均二氧化碳排放量约为 0.36 千克/2011 年 PPP 美元 GDP，南非、中国和俄罗斯的排放量均高于此水平，以南非（0.71）为最高，中国（0.63）次之。在 G7 成员国中，法国的单位 GDP 排放量（0.14）最低，美国（0.32）和加拿大（0.32）为最高（见图 1-8）。

图 1-8　2013 年二氧化碳排放量

在全球经济前景尚未明朗的情况下，各经济体应因地因时制定合适的财政政策和货币政策，以确保金融体系的稳健运行，促进经济的稳定发展。

第二节　大国博弈

在世界经济不景气的大环境下，各国政府秉持各扫门前雪的原则。虽然八国集团和二十国集团峰会都同意避免采取本国货币贬值的方式来促进出口，但事实上许多国家的货币争相贬值。各国在长期使用扩张性货币政策后，经济表面上似乎在萧条后稳步复苏，但这仅止于扩张性经济手段起到的暂时作用。对内无可奈何，国家管理层就将视线移到国外。因此，出口增长就成为了一个可行的突破口。货币贬值可以快捷地帮助提高出口额与内需。然而一个在世界经济处于重要地位的国家采取竞争性货币贬值政策会引发灾难性后果，例如中国，可能会导致与全球几乎所有主要经济体的货币战争，使全球经济与金融市场陷入动荡。

经济手段现在成为了大国政治博弈的重要手段，出于政治需要而动用经济手段，这本身就是对国际经济秩序的一种挑战，必然不利于经济复苏。当今国际社会经济政策政治化的危害主要有三点：其一，导致贸易保护主义抬头，竞争性的货币与汇率战争风险升高。其二，国家之间缺乏共识，国际金融体制改革问题无法达成一致，国家债台高筑又难以削减赤字。其三，排他性区域经济协定由于政治原因正在重新划分国际经济市场，例如跨太平洋伙伴关系协定（TPP）。国家领导人都会要求经济政策必须是利己性的，他们要刺激经济高速增长来稳固他们的国家社会和统治。货币成了他们手中的最好筹码，而且，他们还可以将货币作为在地缘政治中获取先机的手段。正是由于经济问题政治化，导致国际经济问题无法解决，全球经济增长没有一个共同方向。其实有时候经济问题政治化可以有效推动经济发展。中国的改革开放就是个成功的例子，在经济问题上达成共识后，相关机构和利益集团必须让路放行，在全国范围内引导群众，形成了从上到下的经济建设热潮，这与罗斯福新政有异曲同工之妙。

2015年国际能源市场需求量和价格同时下滑，这其中不但有经济和体制结构原因，也不乏政治因素。比如在原油方面，OECD国家面和心不和已经是由来已久，沙特阿拉伯想做中东霸主，自然看不惯俄罗斯插手叙利亚事务，在地球另一边，拉美国家的经济和财政危机导致它们必须以增加石油产量来缓解国内形势。这些国际产油大国之间的政治博弈已经白热化，除非大规模的地缘政治动荡，否则不太可能通过减产来提升国际油价，市场价格低迷在所难免。另外就是环保意识崛起。现在的地球环境形势不容乐观，各国对于环境保护日益重视，特别是发达国家，美国还有页岩气，这都大大打击了石油市场；用新能源替代化石能源和提高能源利用效率等方法，用更低的环境代价发展经济，这使大多数国家在环保层面达成共识，又在一定程度上降低了石油需求。随着伊朗制裁的取消，重新进入国际市场的伊朗带来大储量原油的同时再次削减国际油价。OECD国家必须做好面对能源结构转型的准备，摆脱长期依靠能源收入的局面，想方设法利用现有资源走出史上最大的改革步伐。

　　由于上述各因素的综合作用，国际大宗商品价格在短期将继续低迷。但是，过低的价格会导致原油产出减少，在市场的自动调节作用下，大宗商品价格应该会趋向于稳定甚至逐步提升，这在 2016 年第四季度有深刻的体现。

　　新兴经济体经济增长率下降有两个层次的原因，分别是结构层次与周期层次，目前这两个层次原因叠加在一起，导致经济下行严重，这并不是偶然，而是在长期发展中必然的障碍。从结构层次上看，长期因素导致潜在增长率下降，使经济下行；从周期层面上看，短期因素导致实际增长率衰退，使得经济低迷。

　　长期因素会使得新兴经济体经济在结构层面进一步放缓，主要集中在社会制度、产业结构、人口结构与基础设施四个方面。其中社会制度问题是最重要的，虽然以中国为代表的新兴经济体在简化政府职能与鼓励私营企业方面取得了不小的成就，但是在监管力度和知识产权保护方面问题依旧突出，从长期来看，这会严重制约经济发展潜力。而大多数新兴经济体人口基数都偏大，而且一直以劳动密集型产业为主，人口结构与产业结构息息相关，这两个方面从长期角度出发，在完成了早期的资本积累后，也应该进行改革。除中国外的大多数国家在经济发展的过程中基础设施建设并没有跟上，现在面临发展后续动力不足的局面。

　　在周期层面上看，导致新兴经济体发展停滞的短期因素，最主要的是政府调控宏观经济的政策手段使用过度。长期抑制通货膨胀的俄罗斯在必须面对美国经济报复时就显得措手不及，还有过度的金融开放，自由化的中国面临着如何处理国内复杂资本的问题，如果外资撤离中国，如何实现资本替换，这些问题尤为突出。

　　美联储一直是全世界最受关注的财政机构，它的一举一动都会对国际金融市场产生巨大影响。美联储的加息同样在外界掀起波澜，欧洲主要股市和日经指数都随美联储加息而走高，新兴市场也是不甘落后，皆有一定的上涨。2016 年下半年美联储宣布将联邦基金利率提高 0.25 个百分点，新的联邦基金目标利率将维持在 0.25% ~ 0.50%。这是美联储 2006 年 6 月来的首次加息，也意味着，全球最大的经济体正式进入加息周期。同时美联储还宣布，本轮加息会是渐进式的，这让新兴经济体资本松了一口气。

　　美联储加息可能会从三个方面影响世界经济发展：其一，欧洲央行和日本央行实施货币宽松政策的作用，会被美元升值所冲击，当然美联储也说将保持宽松货币政策，所以应该不会大幅度震荡。其二，大幅度震荡的美元汇率是对国际经济秩序的又一次考验，可能会进一步使资本流向美国，新兴市场将遭受冲击。其三，美联储加息使美国经济复苏越来越远离正常轨迹，全球经济进一步衰退已经无法避免。

　　TPP 将突破传统的自由贸易协定（FTA）模式，达成包括所有商品和服务在内的综合性自由贸易协议。如果最后 TPP 可以真正建立，将是全球最高水平的自由贸易区，也将成为国际经贸历史上重要的里程碑。

　　但是 TPP 协定是否能够走到最后，又能对世界经济有多大的推动力，现在来看还是一个未知数。其中最大的问题反而是 TPP 主导国美国，美国国内反对 TPP 的声音不绝于耳，特朗普在竞选中和希拉里都反对 TPP 并声称上台后会废止 TPP，现在特朗普的上台让人们对于 TPP 都抱着一种悲观的态度。另外，TPP 不单具有经济意义，奥巴马也有用其制衡中国的想法，所以中国被排除在外。缺少了中国这个超级贸易大国，

TPP 协定国的福利必然降低。这又是一个政治干预经济的例子。

以美欧为首的西方主要经济体长期采取扩张性宏观调控手段来刺激经济增长。这种短期的宏观刺激政策却被作为一种长期调控手段，这种错误利用经济手段的方式对于经济的损害由潜在不可见到现在井喷式的爆发。当国家领导人看到这种扩张性货币政策可以在经济衰退后带来经济显著发展时，这种诱惑导致他们滥用政策工具，这正是导致现在所面临的局势的成因。

第二章 广东省经济监测研究

广东省的地区生产总值（GDP）从 1978 年的 185.85 亿元增至 2015 年的 72812.55 亿元，占全国 GDP 的比重从 1978 年的 5.1% 上升到 2015 年的 10.7%。广东省的人均 GDP 从 1978 年的 369.7 元增加到 2015 年的 67503 元，2015 年人均 GDP 增长速度为 7%。

源于 2008 年美国金融危机对全球经济造成的严重打击，国际需求乏力，广东省以外向型经济为主导的经济结构受到非常严重的冲击，众多出口企业和加工贸易企业纷纷外迁或倒闭。广东省长期快速增长过程中对外依存度过高、外贸比较优势弱化、内需不足等问题也日益引起人们的关注，《珠江三角洲地区改革发展规划纲要（2008 ~ 2020 年）》强调要"促进提高自主创新能力、促进传统产业转型升级、促进建设现代产业体系，保持经济平稳较快发展"。金融海啸和全球经济衰退带来了广东省经济发展的阶段性转折，其对广东省未来经济发展的影响十分巨大而深远，广东省的经济转型因此而进入实质性推进阶段。

本书结合广东省当前经济的现状和面临的挑战，采用 2002 ~ 2015 年的数据对广东省经济运行的特点、问题和发展趋势进行学理的判断，以期找到广东省经济发展的制约性因素和潜力、动力。

除非特别说明，本章中引用的数据均来自历年《广东统计年鉴》、历年《中国统计年鉴》和历年统计公报。

第一节 广东省增长核算分析

2002 ~ 2015 年广东省经济增长主要以资本形成为主导，技术进步的重要性逐渐凸显，具有较大的上升潜力。

一、核算方法

到目前为止，各国进行的经济增长核算普遍采用索罗（1957）所开创的经济增长核算方法。首先以 2002 年为基期测算广东省 2002 ~ 2014 年的实际 GDP、资本存量以及从业人口数据，利用索罗模型估计出资本产出弹性以及劳动力产出弹性。然后根据增长速度方程：$g_{TFP} = g_{GDP} - \alpha g_K - \beta g_L$ 计算出广东省 TFP 增长率[①]，定量考察资本、劳动投入和技术进步对广东省经济增长的贡献，从而揭示广东省经济增长的源泉。

资本和劳动是经济增长的基础推动因素。运用永续盘存法测算，广东省 2002 年的资本存量为 25909.74 亿元，2015 年达到 148569.4 亿元，相当于 2002 年的 5.73 倍，年均增长 14.38%，如图 2 - 1 所示。同时，广东省 2002 年年末从业人数为 4275.95 万人，2015 年年末从业人数达到 6219.3 万人，如图 2 - 2 所示。

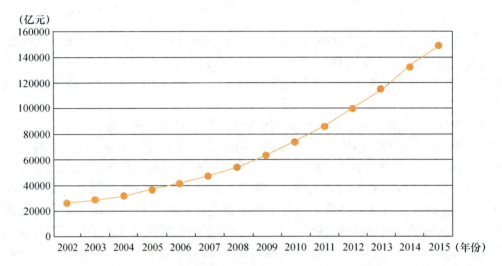

图 2 - 1　2002 ~ 2015 年广东省资本存量

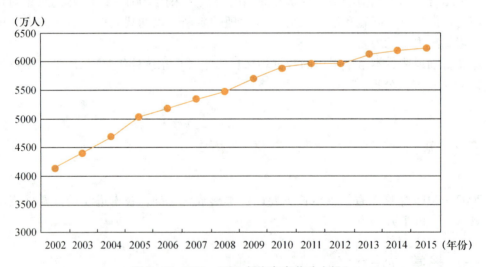

图 2 - 2　2002 ~ 2015 年广东省劳动力投入

① 本研究中，资本存量和国内生产总值均以 2002 年为基年进行平减，得到以 2002 年价格为不变价格计算的各年份实际资本存量和实际地区生产总值。

二、要素贡献

从图 2 - 3 可知，2003 ~ 2015 年，广东省的劳动贡献增长率总体呈下降趋势。劳动贡献增长率在 2003 年为 3.8%，对经济增长贡献份额为 25.65%，而到 2015 年增长率降为 0.35%，对经济增长贡献份额仅为 5.37%。广东省的劳动投入可能严重制约了经济增长，从业人员和城镇劳动力之间的缺口一直在不断扩大，1978 年从业人员和城镇劳动力的缺口为 1823.18 万人，到 2008 年该缺口达 3069.09 万人。广东省的城镇新增就业则逐年降低，从 2012 年的 167.5 万人下降到 2015 年的 155.5 万人。如果按当前的增长方式，广东省的劳动力已不足以支撑现有的高质量增长，必须在提高资本存量尤其是技术水平上下功夫。

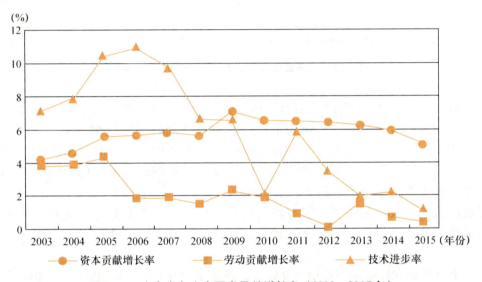

图 2 - 3　广东省各生产要素贡献增长率（2003 ~ 2015 年）

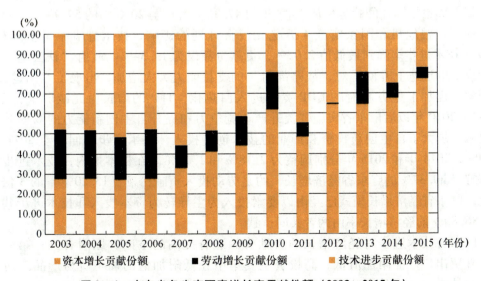

图 2 - 4　广东省各生产要素增长率贡献份额（2003 ~ 2015 年）

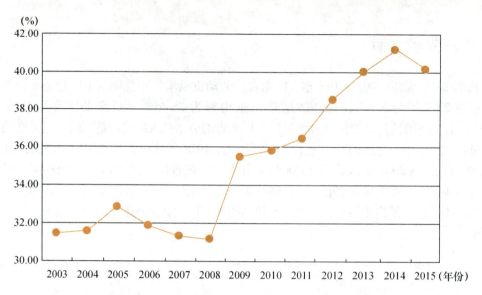

图 2－5　广东省增量产出资本率（2003～2015 年）

随着广东省 2008 年提出"劳动力和产业双转移"的战略以来，产业转型升级使广东省由主要以劳动密集型产业为主向资本密集型和技术密集型产业过渡，资本形成的比重不断上升，资本成为广东省经济增长的重要引擎。2003～2015 年，资本贡献增长率总体较为稳定，年均值保持在 5.76%，对经济增长贡献份额高达 47.44%。同时增量产出资本率呈上升趋势，从 2003 年的 31.2% 升至 2015 年的 40.2%。然而在目前的成本、政策和国际需求等倒逼机制条件下，广东省依靠大规模资本投入和无限低廉劳动力供给的发展模式难以为继，因此急需寻找长期经济增长的因素——技术进步。

技术进步率在样本期内波动幅度较大，整体呈"M"形。从 2003 年至 2006 年技术进步率从 7.11% 上升到 10.97%，随后波动下降到 2015 年的 1.13%。技术对经济增长的贡献份额也呈同样的趋势，从 2003 年的 47.36% 增长至 2006 年的 59.45%。2007 年以后受到金融危机和国家实施 4 万亿元投资计划的影响，技术进步率呈下降趋势，2010 年技术进步率降到最低值 2.02%，贡献份额仅为 19.34%。政府"铁公基"固定资产投资的迅速上升使得对"战略部门"的支持能力大大增加，出现了"国进民退"的现象，再加上地方政府的 GDP 竞争进入白热化，TFP 的增长由此减弱（伍晓鹰，2014）。2010 年以后广东省实施"提升产业竞争力和提升自主创新能力的双提升"战略决策，加大了自主创新投资和产业的技术创造投入，技术进步率回升至 2011 年的 5.89%，2014 年和 2015 年分别调整为 2.18% 和 1.13%。在样本期内，技术进步平均能够解释 39.37% 的广东省经济增长，约是劳动投入贡献份额（13.20%）的 3 倍。基于此，广东省经济增长模式已经由以要素投入为主导转为资本投入和技术进步共同推进，86.80% 的经济增长率由两者共同贡献。

广东省技术进步对经济增长的贡献份额还有提高的空间，原因有三：第一，广东省外贸出口产品附加值低，高投资主要集中在低附加值的加工贸易产品。而广东省高新技术产业以外商独资以及中外合资为主，国内企业主要从事加工业，技术含量低。第二，广东省的产业科技创新水平在国内处于前列，但广东省的原始性创新、知识创新能力较弱，表现在基础研究水平较低、科技成果数比先进省份低、人均科技产出与世界同类型发达国家和地区有较大差距。广东省在 R&D 经费投入规模上，与"四小龙"中的韩国、中国台湾地区还有一定差距，R&D 经费支出仅为韩国的 1/6、台湾地区的 1/2[①]。广东省研发投入强度远低于韩国、中国台湾地区和新加坡等工业化国家和地区。第三，政府科技支出占据主导地位，政府成为创新的主力军，严重阻碍企业的创新发展[②]。

【小结】

广东省的劳动贡献增长率总体呈下降趋势。劳动贡献增长率在 2015 年降为 0.35%，对经济增长贡献份额仅为 5.37%。资本贡献增长率总体较为稳定，2003 ~ 2015 年年均值保持在 5.76%，对经济增长贡献份额高达 47.44%。广东省的技术进步率波动幅度较大。2010 年以后广东省实施"提升产业竞争力和提升自主创新能力的双提升"战略决策，加大了自主创新投资和产业的技术创造投入，技术进步率回升至 2011 年的 5.89%，但之后回落，2015 年广东省技术进步率仅为 1.13%。2003 ~ 2015 年，技术进步平均能够解释 39.37% 的广东省经济增长，约是劳动投入贡献份额（13.20%）的 3 倍。基于此，广东省经济增长模式已经由以要素投入为主导转为资本投入和技术进步共同推进，86.8% 的经济增长率由两者共同贡献。

第二节　广东省需求结构分析

根据 GDP 支出核算法，地区生产总值由最终消费、国内资产形成总额和净出口组成。本节从需求角度探讨消费、投资和出口"三驾马车"对经济增长的贡献率。在高外贸依存度背景下，受国际金融危机、外需动力不足的影响，广东省经济已深感"内外失衡之痛"，从图 2 - 6 可知，2002 年消费、投资和出口在 GDP 中的份额分别为 54%、35% 和 11%，2008 年变为 47%、33% 和 20%。金融危机以来，广东省以扩大国内需求特别是消费需求为重点，推进需求结构调整，消费和投资增幅创近年新高，需求结构更趋协调。2015 年上述数据分别为 51.1%、41.7% 和 7.2%，而进出口比重下降到了历史新低。三大需求对地区生产总值增长的拉动也是以最终消费和投资为主。广东省经济增长已从倚重外需拉动逐步向内需外需协调拉动转变，从倚重投资拉动向消费投资协调拉动转变，三大需求结构更加协调，经济增长的稳定性增强。广东省经济发展过分依赖外需的局面得到初步改变。

---

① 数据来源于 2008 年世界银行《世界发展报告》。
② 《广东省经济发展报告（2015）》。

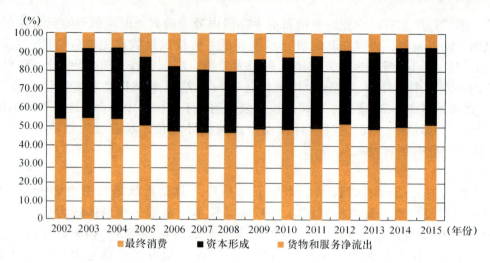

图 2 - 6　广东省支出法地区生产总值构成（2002 ~ 2015 年）

一、消费结构

1. 消费增长与 GDP 增长不匹配，对经济的拉动作用上升缓慢

图 2 -6 显示广东省消费需求所占 GDP 的比重在样本期内轻微波动，由 2002 年的 54% 下降到 2007 年的 46.7%，随后上升到 2015 年的 51.1%；其中，2006 ~ 2011 年的份额都在 50% 以下，最低为 2007 年和 2008 年的 46.7%。而最终消费对 GDP 的贡献率也从 2002 年的 68.5% 下降至 2006 年的 31.5%，继而波动上升到 2015 年的 48.5%（见图 2 -7）。三大需求对广东省地区生产总值增长的拉动也呈同样的趋势（见图 2 -8）。

图 2 - 7　广东省三大需求对地区生产总值增长的贡献率（2002 ~ 2015 年）

（百分点）

—●— 最终消费支出拉动　—■— 资本形成拉动　—▲— 货物和服务净流出拉动

图 2 -8　广东省三大需求对地区生产总值增长的拉动（2002～2015 年）

广东省消费增长速度缓慢，增长率从 2003 年的 18.62% 下降至 2015 年的 9.70%，降幅高达 47.9%。消费增速较慢既有类似于"重生产、重出口、重积累、轻消费"等全国普遍性原因，也有自身特殊原因：居民收入增加后，进口品及境外消费大幅增加；房市、股市活跃牵制了大量资金，抑制了消费；社会保障体系发展滞后导致预防性储蓄增加抑制；广东省外来务工人员比重大，约占从业人员的 1/4，外来务工人员收入相对较低，且大多不会就地消费，造成消费的省际转移。

2. 居民消费所占比重呈上升趋势，消费结构不断完善，消费方式由"国富优先"向"民富优先"的理念转变

在国家"稳增长、调结构、促改革、惠民生"宏观政策调控下，广东省消费模式突出以民为本的特征。在广东省的消费结构中，居民消费是绝对的主体。且居民消费的增长速度大于政府支出的增长速度，导致居民消费所占比例呈现上升、政府支出所占比例呈现下降趋势。如图 2 -9 所示，居民消费所占最终消费的比重从 2002 年的 74.8% 上升至 2015 年的 76.4%，政府支出所占比重则由 25.2% 下降至 23.6%。居民消费所占 GDP 的比重也从 2008 年金融危机时的 37% 上升至 2015 年的 39.1%。随着"八项规定"厉行节约政策的实施，政府支出的比重将进一步降低，居民消费的比重将稳中有升。

在消费结构上，广东省引导居民消费，努力培育新的消费热点，使扩大内需战略落到实处，让经济增长的成果惠及百姓。

首先，广东省社会消费总体规模大、增长速度较快。广东省积极组织家电、汽车下乡，实施"广货北上西进"，拓展国内市场取得明显效果。2014 年和 2015 年广东省全年累计实现最终消费分别为 33920.56 和 37211.27 亿元，同比增长率分别为 11.4% 和 9.7%。其中，城镇居民消费支出在这两年分别为 21913.85 亿元和 23884.12 亿元，分别占居民消费支出的 83.4% 和 84%（见图 2 -10）；农村居民消费支出在这两年分别为 4349.29 亿元和 4554.46 亿元，同比分别增长 15.7% 和 4.7%。

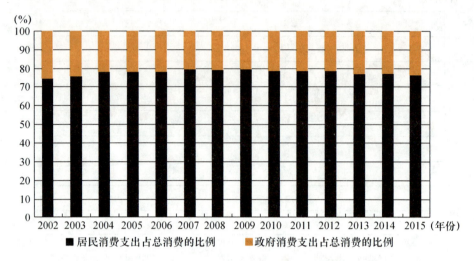

■ 居民消费支出占总消费的比例　　■ 政府消费支出占总消费的比例

图 2 – 9　广东省消费构成（2002～2015 年）

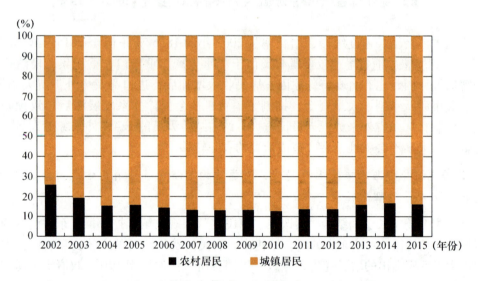

■ 农村居民　　■ 城镇居民

图 2 – 10　广东省居民消费支出构成（2002～2015 年）

其次，广东省居民收入大幅提高，显著增长的民间财富刺激了消费的提高。广东省出台了一系列增收措施，坚持民富优先，带来居民收入水平的提高。2014 年和 2015 年广东省城镇居民人均可支配收入达 32148 元和 34757 元，突破 3 万元大关。广东省农村居民人均纯收入在 2012 年达到 12245 元，首次突破万元大关，2015 年达到 13360 元（见图 2 – 11）。同时居民财富拥有量显著增加，2000 年广东城乡居民本外币储蓄存款余额首次突破 1 万亿元大关，2005 年突破 2 万亿元，2011 年突破 4 万亿元。2015 年广东城乡居民本外币储蓄存款余额达到 55008 亿元。

再次，加快消费结构转型升级，进入城市消费新阶段，农村消费市场潜力巨大。2014 年和 2015 年广东城镇居民人均消费支出分别为 23611 元和 25673 元，分别是 2002 年 8988 元的 2.63 倍和 2.86 倍（见图 2 – 12）。城镇需求结构从以生活必需品为主转变为以耐用消费品为主。广东省恩格尔系数呈逐年下降趋势，城镇居民恩格尔系数从2002年的38.5%降到2015年的33.2%。在生存性支出比例大幅度降低的同时，城乡居民对住房、汽车、电脑、高档电器等消费品的需求更加普遍，耐用消费品的需求开始大幅增加。广东省人均耐用消费品支出从2002年的268元增长至2012年的453元，增长了70%。广东省城市消费开始进入以汽车和住房为主的重要阶段。从汽车需求来看，2014年汽车类消费持续改善，全年累计实现零售额3503.36亿元，汽车工业也将呈现比较好的发展趋势。从城镇住房的需求来看，保障性住房需求、改善性住房需求、投资性住房需求仍然在增加。

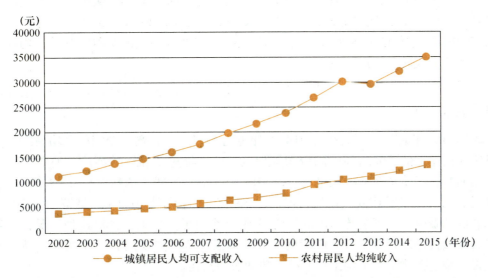

图2-11　广东省城镇居民人均可支配收入和农村居民人均纯收入（2002~2015年）

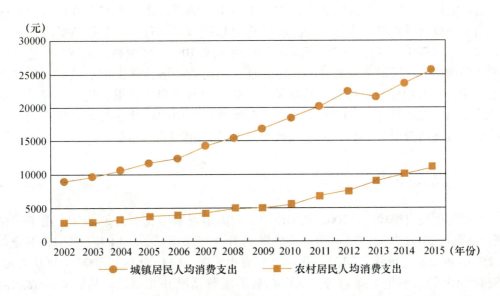

图2-12　广东省城镇居民和农村居民人均消费性支出（2002~2015年）

同时，由于传统的二元经济结构矛盾和"三农"问题、消费环境和消费观念的影响，广东省农村市场增长缓慢。虽然广东省农村居民人均生活消费性支出从2002年的2825元上升至2014年的10785元和2015年的11103元，广东省农村居民恩格尔系数在2015年依然高达40.6%。若广东省能将农村消费潜力逐步释放，将对广东省形成消费主导格局产生巨大的影响。

最后，广东省消费实现了从私人产品消费到公共产品服务过渡阶段。此前广东省家庭的支出主要是私人产品的支出，进入20世纪以来，家庭的支出开始逐步向教育、医疗等支出转变。由于教育、医疗、养老、就业、公共安全、基本住房、资源环境等这些公共产品的短缺，广东省政府公共服务投入总量明显增加。从医疗卫生支出、社保与就业和教育支出所占财政支出的比重来看，广东省从2002年的19.1%上升至2015年的37.9%，增加了18.8个百分点。解决公共产品短缺时代的基本公共服务均等化对广东省发展方式转型将产生重大影响。

3. 从国际比较来看，广东省的消费率不仅低于韩国和中国台湾等地区，也远低于同等发展水平的国家

2015年广东省的最终消费占GDP的比重为51.1%，稍高于全国的平均最终消费率50.8%，但远远低于韩国和中国台湾等地区。韩国经过了经济转型后，消费主导型经济日趋明显，即使是在金融危机之后，2015年的最终消费率依然保持在64.6%。和金砖四国的巴西、印度和俄罗斯比，巴西是83.6%，印度是70.2%，俄罗斯是70.9%，广东省的消费率落后于金砖四国的其他三国19个百分点以上。针对这种情况，近年来广东省深入推进广货全国行、广货网上行，加强商业网点规划和公益性农产品批发市场建设，推进万村千乡市场工程升级改造和农超对接。

【小结】

金融危机以来，广东省以扩大国内需求特别是消费需求为重点，推进需求结构调整，消费和投资增幅创近年新高，需求结构更趋协调。同时，广东省消费增长速度缓慢，增长率从2003年的18.62%下降至2015年的9.70%，降幅高达47.9%。在广东省的消费结构中，居民消费是绝对的主体，且居民消费的增长速度大于政府支出的增长速度。随着"八项规定"厉行节约政策的实施，政府支出的比重将进一步降低，居民消费的比重将稳中有升。2015年广东省的最终消费占GDP的比重为51.1%，稍高于全国的平均最终消费率50.8%，但远远低于韩国和中国台湾等地区。

二、投资结构

广东省的投资率较高，2002~2015年平均固定资本形成率为34.9%。由于扩张性的财政政策，2009年固定资本形成率转跌为升并逐年增长，2014年和2015年分别为41.2%和40.2%（见图2-13）。国际经验表明，在人均GDP达到3000~5000美元时，投资对GDP的影响呈下降趋势，而广东省的实践情况并非如此。从资本形成总额占GDP的份额来看，广东省在高位维持震荡上升趋势，从2002年的35.3%上升至2014年的42.4%和2015年的41.7%。

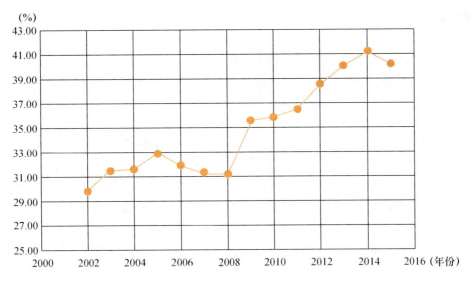

图 2-13 广东省固定资本形成率（2000~2016 年）

资本形成对 GDP 的贡献份额上下波动，整体呈上升趋势，从 2002 年的 22.8% 跃升到 2003 年的 50.2%，随之逐年下降至 2007 年的 22.8%。为了应对金融危机的影响，广东省积极配合中央政府的 4 万亿元投资计划，全社会固定资产投资在 2008 年和 2009 年分别达到 11165 亿元和 13353 亿元，分别比上年增长 16.3% 和 19.6%，导致 2009 年资本形成对 GDP 的贡献份额迅速增加了 45.6 个百分点，达到样本期的最高值 80%，此后呈下降趋势，2015 年降至 47.8%。2002~2015 年广东省资本形成总额对 GDP 的拉动率呈下降趋势，平均为 4.78%，2015 年仅为 3.8%（见图 2-14）。

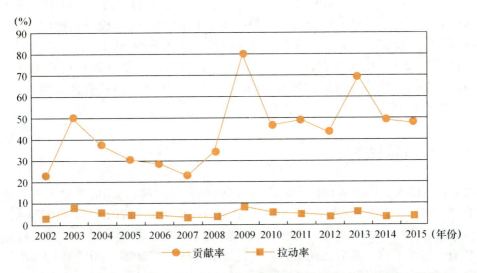

图 2-14 广东省资本形成对地区生产总值增长的贡献率和拉动率（2002~2015 年）

同时，将全社会固定资产细分为建筑安装工程、设备工具器具购置和其他，广东省建筑安装工程所占比重从 2002 年的 64.2% 上升至 2015 年的 66.9%。房地产开发投资占城镇固定资产投资比重从 2002 年的 33% 下降至 2014 年的 29.46%，大幅度高出江苏省和山东省，仅比浙江省略低。在国家房地产调控政策仍然没有松动迹象情况下，广东省房地产投资的表现将影响其他相关产业的回升。

另外，民间投资、外源性经济投资保持快速增长。2009 年在政府大规模投资和宽松货币政策的配合下，出现了国进民退和国有资本与民营资本争利的局面，部分国有资本大规模进入竞争性领域，挤出了社会投资。广东省国有经济完成投资 4206.45 亿元，增长 52.2%；而民营经济完成投资 6958.25 亿元，仅增长 15.8%。2014 年广东省国有经济投资 5824.56 亿元，同比增长 7.9%。2015 年，民间固定资产投资完成 18052.95 亿元，同比增长 19.9%，比全省固定资产投资高 4.1 个百分点，占全省投资的比重为 60.1%，同比提高 0.9 个百分点，对全省固定资产投资贡献率 73.0%，拉动全省投资增长 11.5 个百分点，是全省投资增长的重要驱动力[①]。

外资资本占全省全部固定资本存量比重，1988~1997 年从 16% 持续增长至 45%，随后又持续下滑到 2007 年的 10%。2014 年外源性经济投资 3144 亿元，增长 6.2%，增速低于内资 8.6 个百分点，但利用效率低下。2015 年外源性经济投资 3478.99 亿元，增长 10.6%。其中，港澳台商投资 2080.99 亿元，增长 14.4%；外商投资 1398.00 亿元，增长 5.5%[②]。因此，当前扩大吸引外资力度已经不是关键，关键是要提高外资的利用效率。

【小结】

广东省的投资率较高。由于扩张性的财政政策，2009 年固定资本形成率转跌为升并逐年增长，2015 年投资率为 40.2%，资本形成对 GDP 的贡献份额为 47.8%，资本形成总额对 GDP 的拉动率在 2015 年为 3.8%。房地产开发投资占城镇固定资产投资比重呈下降趋势，2014 年该比重为 29.46%。金融危机后，在政府大规模投资和宽松货币政策的配合下，出现了国进民退和国有资本与民营资本争利的局面，部分国有资本大规模进入竞争性领域，挤出了社会投资。2015 年，民间固定资产投资同比增长 19.9%，比全省固定资产投资高 4.1 个百分点，占全省投资的比重为 60.1%，对全省固定资产投资贡献率 73.0%，拉动全省投资增长 11.5 个百分点，是全省投资增长的重要驱动力。2015 年外源性经济投资同比增长 10.6%，其中，港澳台商投资同比增长 14.4%，外商投资增长 5.5%。

三、进出口结构

改革开放以来，广东省积极实施出口导向战略，是名副其实的外贸大省。进出口额由 1978 年的 16.7 亿美元提高至 2014 年的 10766 亿美元和 2015 年的 10228 亿美元，占全国进出口总额的 25% 以上。进出口贸易量受金融危机的影响较小，进出口额仅在 2009 年有小幅度下降，随后强劲上升，尤其是出口额，在 2009~2015 年持续增加，而进口额在 2014 年和 2015 年则分别下降 5.5% 和 11.9%（见图 2-15）。

---

① 资料来源：《2015 年广东民营经济发展情况分析》。
② 资料来源：《2015 年广东固定资产投资情况分析》。

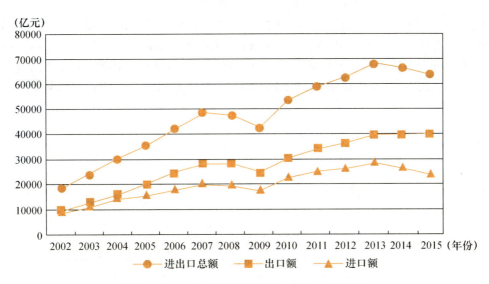

图 2 – 15 广东省进出口总额（2002～2015 年）

外贸依存度反映了一个国家或地区对国际贸易的依赖程度。对外依存度是指一国（地区）进出口总额与其国内生产总值或国民生产总值之比，又称对外贸易系数。一国（地区）对国际贸易的依赖程度，一般可用对外贸易依存度来表示，体现其经济增长对进出口贸易的依附程度，也是衡量其贸易一体化的主要指标，其变化意味着对外贸易在国民经济中所处地位的变化。广东省经济外贸依存度高，外贸的经济拉动作用明显，然呈下降趋势，从 2002 年的 135.5% 下降至 2014 年的 97.5% 和 2015 年的 87.5%，其中 2014 年和 2015 年出口依存度分别为 58.5% 和 55.0%，进口依存度分别为 39.0% 和 32.4%，但在全国仍处于领先地位。同时，广东省出口对经济增长有明显的推动作用，2002 年高达 130%，此后虽呈下降趋势，2013 年依然保持在 59.6%（见图 2 – 16）。因此广东省外贸依存度高，且外贸拉动 GDP 增长的作用明显。

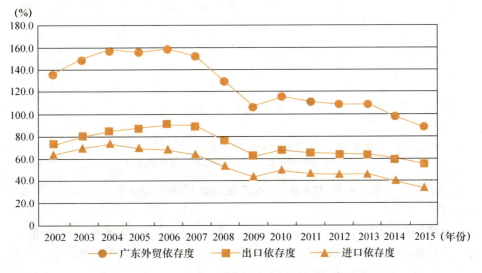

图 2 – 16 广东省外贸依存度（2002～2015 年）

从产品类别来看，机电产品是广东省进出口的主要产品，在 2002～2015 年该类产品的进出口总体上呈缓慢上升的趋势，尽管在 2014 年有小幅回落，2015 年的机电产品的贸易额仍分别占进出口总额的 65.6% 和 68.1%。高新技术产品的进出口增长趋势更为显著，进口份额从 2002 年的 31.7% 增加到 2015 年的 51.0%，出口份额也从 26.1% 增加到 36.1%（见图 2－17、图 2－18）。

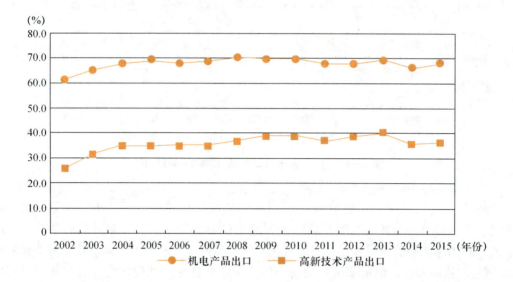

图 2－17　广东省出口的产品分类（2002～2015 年）

图 2－18　广东省进口的产品分类（2002～2015 年）

更重要的是，出口导向战略的实施形成了极具特色的广东发展模式。20 世纪 90 年代以来，广东省的外向型经济发生了三个重要变化：从主要依赖优惠政策、减税让利等为吸引外资手段，向主要依赖改善软硬环境、提高综合竞争力转变；从主要依靠数量扩张，向规模、质量和效益并举转变；从主要是"引进来"，向"引进来"和"走出去"并举转变。

【小结】

广东省是我国的外贸大省，2015年进出口额占全国进出口总额的25%以上。进出口贸易量受金融危机的影响较小，出口额在2009～2015年持续增加。广东省的外贸依存度虽然呈下降趋势，但在全国仍处于领先地位。2015年依存度为87.5%，其中出口依存度为55.0%，进口依存度为32.4%。同时，广东省出口对经济增长有明显的推动作用，2013年依然保持在59.6%。从产品类别来看，机电产品是广东省进出口的主要产品，高新技术产品的进出口增长趋势也很显著。广东省的外向型经济发生了三个重要变化：从主要依赖优惠政策、减税让利等为吸引外资手段，向主要依赖改善软硬环境、提高综合竞争力转变；从主要依靠数量扩张，向规模、质量和效益并举转变；从主要是"引进来"，向"引进来"和"走出去"并举转变。

第三节　广东省产业结构分析

本节以系统学的视角，从现代产业系统的内部构成要素之间的相互关系着手，结合产业科学发展和现代产业体系的理念，综合考虑国际产业发展的规律及广东省产业发展的实际情况，从产业结构高级化程度、产业创新能力、产业可持续发展能力以及产业国际竞争力等四个层面，构建广东地区产业结构调整及产业竞争力评价指标体系，概括广东省产业结构的现状，从而为产业合适度的选择和测算提供依据。

表 2-1　　　　　　　广东省产业结构调整及产业竞争力评价指标体系

评价内容	一级指标	具体指标
产业结构高级化程度	三次产业比例	农业增加值/工业增加值/服务业增加值
	现代服务业占比	现代服务业增加值/服务业增加值
	先进制造业占比	先进制造业增加值/制造业增加值
	高新技术产业占比	高新技术产业增加值/工业增加值
	农业现代化程度	农业劳动生产率
产业创新能力	技术开发投入	研发投入/GDP
	技术开发成果	发明专利数量
	创新人力资源	R&D人员/从业人员
产业可持续发展能力	生态协调性	万元GDP能耗
	劳动力素质	每万人口普通高校在校学生数
		每万人口中等职业教育在校学生数
	产业经济效益	营业盈余/GDP
	产业社会效益	城镇单位职工平均工资

续表

评价内容	一级指标	具体指标
产业国际竞争力	出口规模	贸易竞争指数（TC）
	出口结构	高新技术产品占出口产品比重

资料来源：《广东省经济发展报告（2015 年）》。

一、产业结构高级化程度

1. 三次产业结构情况

改革开放以来，从广东省经济结构的整体发展趋势来看，产业结构调整基本顺着结构优化的路径前行：第一产业所占比例不断下降，第二产业、第三产业所占比例不断上升。第一产业在 GDP 中的份额从改革开放初期 1979 年的 31.8% 降到 2002 年的 7.5%，继续降到 2015 年的 4.6%。与此同时，近年来工业化进程加快，第二产业所占比重呈上升趋势，2003 年为 47.9%，到 2008 年这一比重提升到 50.3%，但之后有回落趋势，到 2015 年该比重为 44.8%，其中工业占 GDP 比重为 41.6%。第三产业所占比重从 1979 年的 28.0% 稳步上升，至近年比重相对稳定，到 2015 年为 50.6%（见图 2 – 19）。

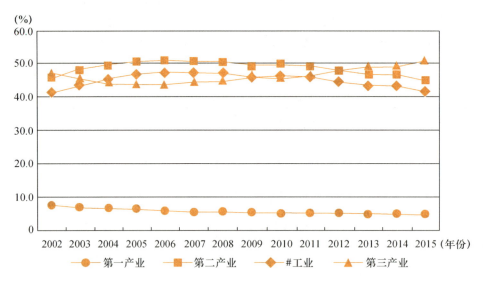

图 2 – 19　2002～2015 年广东省三次产业比重及变动情况（2002～2015 年）

三大产业对 GDP 的贡献率也呈同样趋势。第一产业的贡献率从 1979 年的 30% 降到 2002 年的 3%，2015 年该比值为 1.7%。第二产业的贡献率在 2002～2015 年震荡下行，在 42% 和 65% 之间浮动；其中工业的贡献率趋势与之相符，比值略低。而第三产业的贡献率在 2002～2015 年震荡上行，浮动在 34%～56%（见图 2 – 20）。

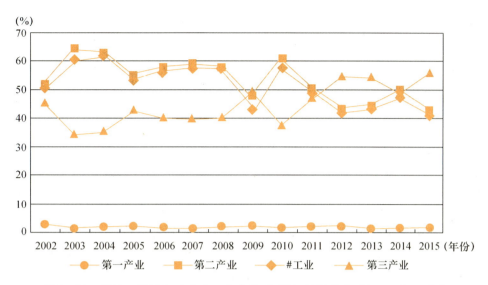

图 2 - 20　2002 ~ 2015 年广东省三次产业对 GDP 的贡献率（2002 ~ 2015 年）

在对地区生产总值增长的拉动方面，第一产业由 1979 年的 2.6 个百分点浮动降到 2002 年的 0.4 个百分点，再下降到 2015 年的 0.1 个百分点。第二产业的拉动从 1979 年的 1.4 个百分点震荡上涨到 2002 年的 6.47 个百分点，随之震荡下降到 2015 年的 3.47 个百分点；其中工业的拉动与之紧密相随。而第三产业的拉动在 1979 ~ 2002 年在 2.1 ~ 8.6 个百分点震荡，之后由 2002 年的 5.6 个百分点震荡下降到 2015 年的 4.5 个百分点（见图 2 - 21）。

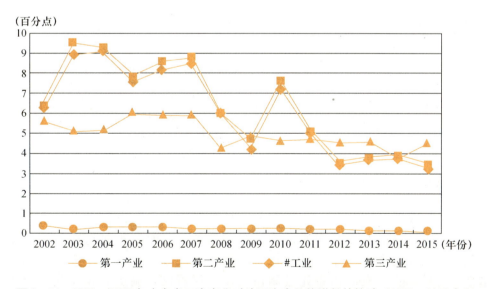

图 2 - 21　2002 ~ 2015 年广东省三次产业对地区生产总值增长的拉动（2002 ~ 2015 年）

与世界各国工业化过程的"一般模式"相比，广东省产业结构非均衡性特征稍显突出。具体表现为第二产业比重过大、第三产业发展滞后等问题。首先，第二产业比重过大。目前，广东省人均 GDP 突破 70000 元，2015 年达到 72813 元，相当于中等收入国家水平，但第二产业产值比重则比中等收入国家水平高出约 13 个百分点。其次，第三产业严重滞后。相对于工业的快速发展，长期以来广东省第三产业无论是就业比重还是产值比重都严重滞后，与中等收入国家水平相比，产值比重低出约 3 个百分点，这与广东省的经济发展水平和工业化程度极不相称。

2. 现代产业发展情况

现代产业稳步发展，在各个产业之中的占比逐渐提升，产业内部结构趋于优化。具体包括如下几个方面：

首先，从服务业内部构成来看，广东省现代服务业发展较快，近几年来在第三产业中的比重呈稳定趋势，在 43% 左右。但服务业整体上仍然处于以传统服务业为主的低端水平，商贸、房地产等传统服务业仍占主体，且大多散、小、弱；金融、商务服务、信息服务等新兴现代服务业比重仍相对偏低，特别是生产性服务业的潜力没有充分发挥，而且结构低端化，缺乏国际竞争力。与国内其他地区相比，广东省科学研究、技术服务和地质勘查业，金融业，信息传输、计算机服务和软件业与北京市、上海市等国内先进地区有着较大差距（见表 2 - 2）。

表 2 - 2　　　　　广东省现代服务业在第三产业中所占的比重　　　　单位：%

行业	2010 年	2011 年	2012 年	2014 年	2015 年
交通运输、仓储和邮政业	8.81	8.67	8.93	8.25	7.95
信息传输、计算机服务和软件业	6.63	6.24	6.10	6.02	6.19
旅游业（住宿和餐饮业）	5.19	4.95	4.93	4.01	3.93
金融业	12.84	12.1	11.96	13.39	15.62
租赁和商务服务业	7.55	8.02	8.04	7.63	6.98
科学研究、技术服务和地质勘查业	2.34	2.27	2.25	2.90	3.03
文化、体育和娱乐业	1.36	1.36	1.24	0.98	0.95
合计	44.71	43.61	43.46	43.19	44.65

其次，从发展趋势来看，广东省先进制造业各个行业占工业增加值的比重有所下降，主要下降的部分是交通运输设备制造业；同时先进制造业占工业比重仍远远低于传统制造业的水平，且也低于上海市、江苏省、山东省等国内先进地区的水平。具体而言，在广东省先进制造业中，仪器仪表制造业及文化、办公用机械制造业在制造业中所占比重高于国内其他先进地区，但不少细分行业都与先进地区的指标有一定差距，尤其是专用设备制造业和通用设备制造业的差距较大（见表 2 - 3）。

表 2-3　　　　　　　　广东省规模以上先进制造业占工业增加值的比重　　　　　　单位:%

行业	2010 年	2012 年	2014 年	2015 年
化学原料和化学制品制造业	5.58	5.36	5.00	5.05
通用设备制造业	2.11	2.54	2.69	2.74
专用设备制造业	1.85	2.03	2.17	2.37
交通运输设备制造业	6.56	1.10	0.95	0.89
仪器仪表制造业	1.35	0.83	0.82	0.86
黑色金属冶炼及压延加工业	1.84	1.63	1.44	1.24
有色金属冶炼及压延加工业	2.19	1.89	1.97	1.61
合计	21.48	15.4	15.04	14.76

工业尤其是高端制造业的发展和利用是生产力提高的基础,但是对于一个省份来说,经济的发展在于利用好自己相对于其他省份的优势,找到或者培养出自己的相对优势现代产业。

最后,广东高新技术产业增加值占工业增加值的比例在近年来出现了不稳定的变化趋势,其中 2004 年、2007 年以及 2011 年都出现下降的局面。说明高新技术产业基础还不够稳固和扎实,并没有形成稳定的比较优势(见图 2-22)。

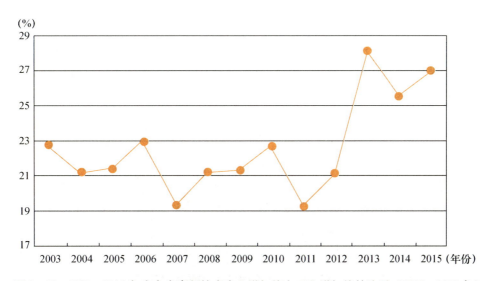

图 2-22　2003~2015 年广东省高新技术产业增加值占工业增加值的比重(2003~2015 年)

【小结】

改革开放以来,在广东省经济结构中,第一产业所占比例不断下降,第二产业、第三产业所占比例不断上升。到 2015 年止,广东省已经形成以第三产业为首的产业结构,具体表现为 2015 年第一产业在 GDP 中的份额为 4.6%,第二产业所占比重为44.8%,其中工业占 GDP 的比重为 41.6%,第三产业所占比重为 50.6%。三大产业对GDP 的贡献率和对地区生产总值增长的拉动也是以第三产业为最。从产业内部结构来看，广东省现代服务业发展较快，近几年来在第三产业中的比重在43%左右，但服务业整体上仍然处于以传统服务业为主的低端水平；同时高新技术产业基础还不够稳固和扎实，并没有形成稳定的比较优势。

二、产业创新能力

广东省产业创新能力的现状可以概括如下：技术开发投入较低，创新人力资源偏弱，技术开发成果相对先进国家存在较大差距。下面通过技术开发投入、创新人力资源以及技术开发成果三个维度来阐述广东省产业创新能力现状。

1. 技术开发投入

整体上广东省的技术开发投入呈现增长的趋势，研发投入占 GDP 的比例从2005 年的 1.12% 增加到 2009 年的 1.65%，继而连续增加到 2015 年的 2.47%，10 年间增加了一倍多。但是总体来看这个比例还是偏低，尤其与欧美、日韩等先进国家还存在着一定的差距，与先进国家高端科学技术研发地区相比差距就更大（见图 2－23）。

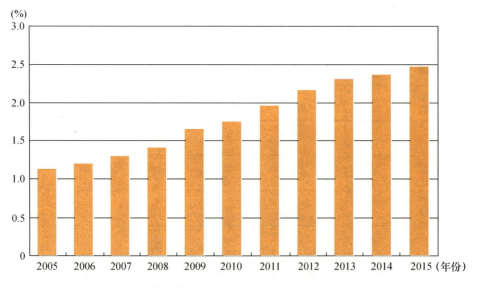

图 2－23　广东省研发投入占 GDP 的比重情况（2005～2015 年）

2. 创新人力资源

广东省创新人力资源偏弱，制约着自主技术研发，但是创新人力资源比重不断增长，尤其是 2009 年后，出现了较大幅度的增长。2015 年广东省 R&D 人员占从业人员的比重达到 1.09%，创历史新高。但这一指标仍然落后于北京市、上海市等先进城市和欧美、日韩等先进国家（见图 2－24）。

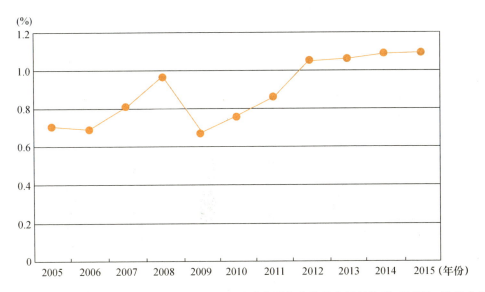

图 2 -24　广东省研究与试验发展（R&D）活动人员占总从业人员的比重（2005～2015 年）

3. 技术开发成果

总体而言，广东省技术开发成果显著，专利申请数量逐年增加，近年增速有所扩大，2015 年广东省专利申请数量达 35.6 万件。在专利授权数量方面，2015 年广东省专利授权数量为 24.1 万件，两个指标均仅次于江苏省，高于浙江省、山东省、北京市、上海市等省市。尽管广东省的技术开发成果在近几年取得较好成绩，但与欧美、日韩等先进国家和地区还存在着很大的差距（见图 2 -25、图 2 -26）。

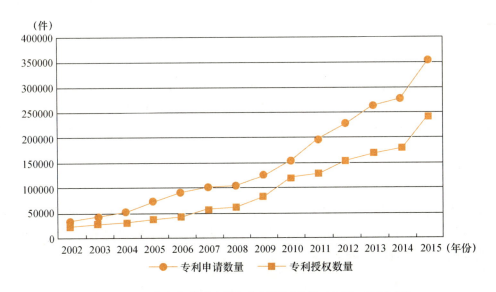

图 2 -25　广东省专利申请和专利授权数量（2002～2015 年）

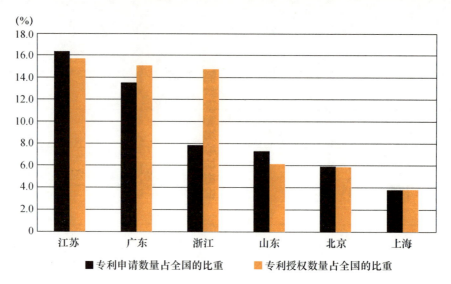

图 2 - 26　2015 年广东省与国内其他先进地区专利申请情况比较

【小结】

广东省的技术开发投入呈现增长的趋势，创新人力资源比重不断增长。2015 年研发投入占 GDP 的比例为 2.47%，R&D 人员占从业人员的比重达到 1.09%，创历史新高。但这些指标仍然落后于欧美、日韩等先进国家。

三、产业可持续发展能力

下面将从产业生态协调性、劳动力素质、产业经济效益以及产业社会效益四个方面来阐述广东省产业可持续发展能力。

1. 产业生态协调性

从 2005 年开始，广东省的单位 GDP 能耗基本呈逐年下降的趋势，特别是 2010 年以来，在全省节能减排措施的推动下，单位 GDP 能耗有了大幅的下降，2015 年广东省万元 GDP 能耗为 0.414 吨标准煤，低于内地多数其他省市（见图 2 - 27）。

2. 劳动力素质

总体来看，2002 年以来，广东省劳动力素质不断提高，每万人口中高等学校普通本科、专科在校学生数逐年上升。2015 年，每万人口高等学校普通本科、专科在校学生数为 206 人（见图 2 - 28）。

3. 产业经济效益

随着产业技术水平的不断提升和产业结构的日益优化，广东省产业经济效益也得到了不断提升，从 2002 开始，广东省企业营业盈余占 GDP 的比重逐年提高。但从

2010 年开始,广东省企业营业盈余占 GDP 的比重下滑比较明显,2015 年下滑至 2006 年的水平(见图 2 – 29)。因此广东省仍需努力改善经济效益,提高产业的附加值。

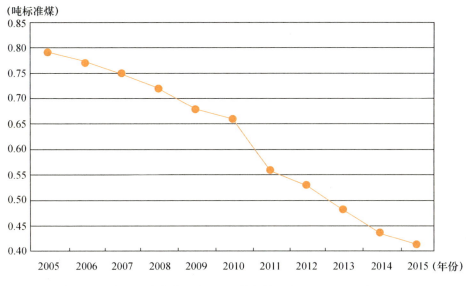

图 2 – 27 广东省万元 GDP 能耗情况（2005 ~ 2015 年）

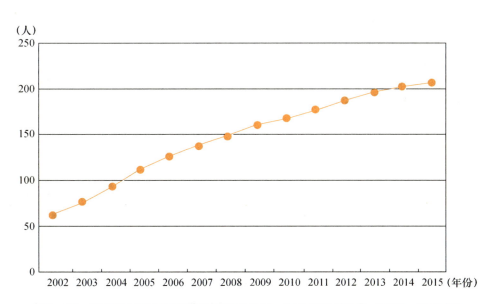

图 2 – 28 广东省每万人口高等学校普通本科、专科在校学生数（2002 ~ 2015 年）

4. 产业社会效益

随着产业经济效益的不断提升,广东省产业的社会效益也得到不断提高。2002 年以来,广东省城镇单位职工平均工资逐年提高,特别是 2009 年以来,提高较快。

2015 年广东省城镇单位职工平均工资为 66296 元,是 2002 年工资的 4.38 倍(见

图2-30）。但与国内其他先进地区相比，广东省城镇单位职工平均工资还处于较低的水平，远远低于北京市和上海市，因此广东省产业的人力资源经济效率仍然亟待提高。

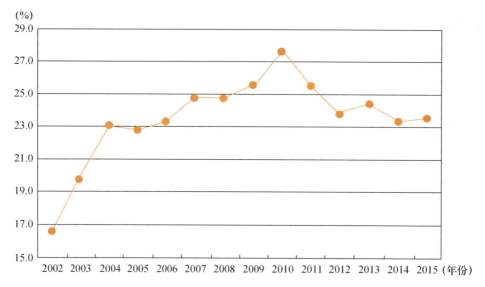

图2-29　2002～2015年广东省产业经济效益情况（营业盈余/GDP）（2002～2015年）

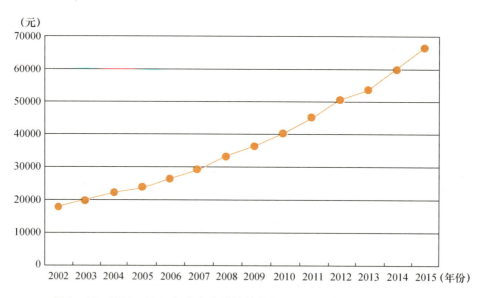

图2-30　2002～2015年广东省城镇单位职工平均工资（2002～2015年）

【小结】

　　广东省的产业可持续发展能力发展迅速，具体表现：在全省节能减排措施的推动下，单位GDP能耗有了大幅的下降，低于内地多数其他省市；劳动力素质不断提高；产业经济效益不断提升，企业营业盈余占GDP的比重逐年提高；产业的社会效益不断提高，城镇单位职工平均工资逐年提高。

四、产业国际竞争力

广东省积极调整产业结构，提升产业的国际竞争力。下面从产业出口规模和产业出口结构两个维度来对广东省产业国际竞争力进行分析。

1. 产业出口规模（贸易竞争指数）

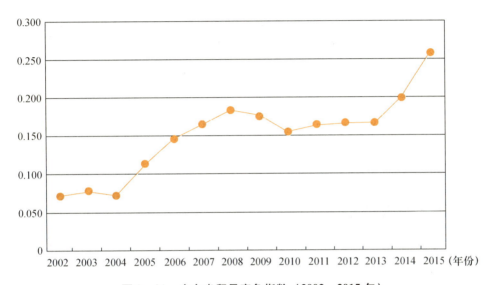

图 2 – 31　广东省贸易竞争指数（2002～2015 年）

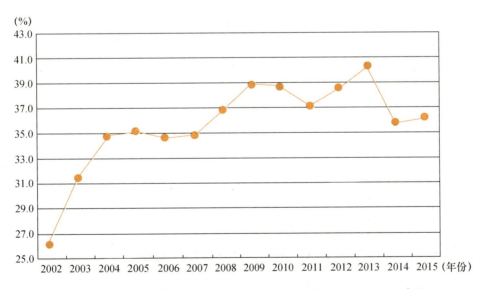

图 2 – 32　广东省高新技术产品占出口产品的份额（2002～2015 年）

我们采用贸易竞争指数来反映产业的出口规模方面的竞争力。贸易竞争指数即进出口贸易的差额占进出口贸易总额的比重，系数越大表明优势越大。广东省的贸易竞争指数浮动上升，于 2004 年小幅下降后强劲增加，但 2008 年之后又回落，至 2010 年缓慢增长，于 2014 年又猛增，2015 年该指标达到 0.258（见图 2 – 31）。广东省的该项指标也位于全国前列，可见广东省产业的出口规模较大，具备较强的出口规模优势。

2. 产业出口结构

2000 年以来，广东省产业出口结构得到不断优化，高新技术产品占出口产品的比重快速提高，位于全国的前列。但从 2014 年以来明显下降，在 2015 年该值为 36.1%（见图 2 – 32）。广东省的这一指标与上海市、江苏省等地还是有一定的差距，可见产业出口结构仍需进一步提升。

【小结】

广东省积极调整产业结构，提升产业的国际竞争力。一方面，产业的出口规模较大，具备较强的出口规模优势，且贸易竞争指数呈上升趋势，位于全国前列。高新技术产品占出口产品的比重快速提高。另一方面，虽然广东省的产业出口结构得到不断优化，但仍有进一步提升的空间。

五、制造业区位熵

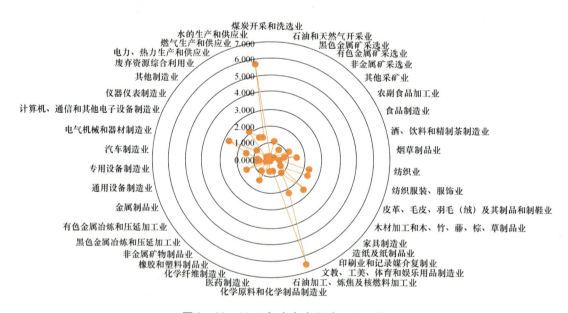

图 2 – 33　2015 年广东省制造业区位熵

区位熵（又称区域专业化率）是一种很好地反映区域分工的基本格局和区域比较优势的指标。它等于地区某行业产值占本地区所有产业总产值比重除以全国相应行业产值占全国所有产业总产值比重。一般来说，某地区某行业的区位熵大于 1，表示此地区该行业具有较强的竞争力。区位熵越大则比较优势越显著。计算得出广东省工业各行业的区位熵,形成广东省制造业行业区位图(见图 2 – 33)。

首先,文教、工美、体育和娱乐用品制造业在广东省最具优势,区位熵达 6.55;其次是水的生产和供应业,区位熵在 2015 年达 5.71。另外,计算机、通信和其他电子设备制造业,家具制造业,皮革、毛皮、羽毛(绒)及其制品和制鞋业,纺织服装、服饰业,印刷业和记录媒介复制业,废弃资源综合利用业的区位熵也很大,值介于 2 和 3 之间,说明这些行业在全国具有显著的比较优势。广东省也形成了这些产业的产业集群,如东莞的文体用品,深圳、惠州的通信设备制造等。

其次,还可以发现在比较优势较强的产业中很多是劳动密集型产业,如文教体育用品、家具制造、纺织服装、皮革制品业、印刷业和记录媒介的复制业等。这些产业一直是广东省的优势和特色,为广东省的经济发展做出了巨大贡献,在今后也将继续平稳发展,在广东省结构升级的过程中应重视它们的发展。

【小结】

制造业区位熵代表行业的竞争力,从这一指标我们看出:文教、工美、体育和娱乐用品制造业在广东省最具优势;其次是水的生产和供应业;计算机、通信和其他电子设备制造业,家具制造业,皮革、毛皮、羽毛(绒)及其制品和制鞋业,纺织服装、服饰业,印刷业和记录媒介复制业,废弃资源综合利用业的竞争力也很强。因此,在推进广东省的产业结构转型过程中,我们既要鼓励高新技术产业和先进服务业的发展,也要努力发展有相对优势的劳动密集型产业。

六、产业结构合适度

下面首先对技术(知识)、资本密集型产业与劳动者密集型产业进行界定,其次根据前面的分析,对广东省技术(知识)、资本密集型产业以及劳动密集型产业发展的现状和趋势进行简要概述。

1. 技术(知识)、资本密集型产业与劳动者密集型产业的界定

劳动密集型产业是指进行生产主要依靠使用大量劳动力,而对技术和设备的依赖程度低的产业。其衡量标准是在生产成本中工资与设备折旧和研究开发支出相比所占比重较大。根据世界银行观点——若劳动生产率低于平均水平,则判定其为劳动密集型产业。

劳动密集型产业是一个相对范畴,在不同的社会经济发展阶段有不同的标准。一般来说,目前劳动密集型产业主要指农业、林业及纺织、服装、玩具、皮革、家具等制造业。随着技术进步和新工艺设备的应用,发达国家劳动密集型产业的技术、资本密集度也在提高,并逐步从劳动密集型产业中分化出去。

技术密集型产业亦称"知识密集型产业",主要是指以先进、尖端科学技术作为工作手段的生产部门和服务部门。其技术密集程度,往往同各行业、部门或企业的机械化、自动化程度成正比,而同各行业、部门或企业所用手工操作人数成反比。特点如下:设备、生产工艺建立在先进的科学技术基础上,资源消耗低;科技人员在职工中所占比重较大,劳动生成率高;产品技术性能复杂,更新换代迅速。

　　资本密集型产业主要是指以资本为主要投入要素的产业。它一般包括需要较多资本投入的行业、部门，又称资金密集型产业。如冶金工业、石油工业、机械制造业等重工业。特点：技术装备多、投资量大、容纳劳动力较少、资金周转较慢、投资效果显现也慢。同技术密集型产业相比，资本密集型产业的产品产量同投资量成正比，而同产业所需劳动力数量成反比。所以，凡产品成本中物化劳动消耗比重大，而活劳动消耗比重小的产品，一般一周称为资本密集型产品。值得注意的是，不少技术密集型产业同时也是资本密集度极高的产业。

　　为能准确量化分析以上三类产业的发展现状和趋势，本书以工业为代表来分析技术密集型工业、资本密集型工业和劳动密集型工业。根据 OECD 的相关标准和国家颁布的产业分类标准，结合广东省工业的实际，三类产业的具体分类构成如表 2 - 4 所示。

表 2 - 4　　　　　　　　　　　　　　工业内部的三类产业具体分类

产业类型	行业
技术（知识）密集型工业	化学原料及化学制品制造业
	通用设备制造业
	专用设备制造业
	交通运输设备制造业
	仪器仪表及文化、办公用机械制造业
	电气机械及器材制造业
	通信设备、计算机及其他电子设备制造业
	医药制造业
资本密集型工业	石油加工、炼焦及核燃料加工业
	黑色金属冶炼及压延加工业
	有色金属冶炼及压延加工业
	电力、燃气及水的生产和供应业
	采掘业
劳动密集型工业	农副食品加工业
	食品制造业
	饮料制造业
	烟草制品业
	纺织业
	纺织服装、鞋、帽制造业
	皮革、毛皮、羽毛（绒）及其制品业
	木材加工及木、竹、藤、棕、草制品业
	家具制造业
	造纸及纸制品业
	印刷业和记录媒介的复制
	文教体育用品制造业
	橡胶制品业
	塑料制品业
	非金属矿物制品业
	金属制品业
	工艺品及其他制造业
	废弃资源和废旧材料回收加工业

　　资料来源：《广东省经济发展报告（2015 年）》。

2. 各种要素密集型产业的现状和发展趋势

为量化分析技术（知识）、资本以及劳动密集型产业的发展现状和变动趋势，本书拟结合工业内部以上三种类型产业，分别从工业增加值贡献率、工业产值占比和从业人员占比来分析。

（1）工业产值占比。近年来，技术、资本、劳动密集型产业在工业总产值中的比例相对比较稳定。技术密集型产业的占比约49%，劳动密集型位居其次，占比约35%，资本密集型产业则占比最低，约只有16%（见图2－34）。从以上工业总产值占比可以看出，广东省已经进入后工业化时期，技术密集型产业已占主导地位。需要说明的是，资本密集型工业的占比相对较低，这与产业分类有一定关系。如化学原料及化学制品制造业、医药制造业、交通运输设备制造业、通信设备与计算机及其他电子设备制造业等技术密集型产业，同时也是资本高度密集的行业。

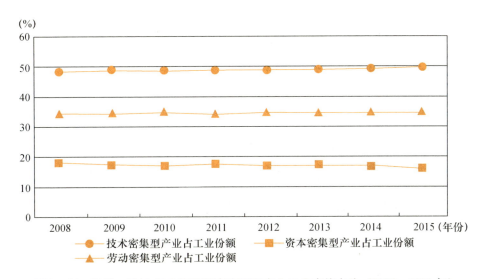

图 2－34　2008～2015 年广东省要素密集型产业工业产值占比（2008～2015 年）

（2）工业增加值贡献率。广东省技术（知识）密集型产业对工业增长的贡献率基本居于三类产业之首，2015 年达到55.2%，成为工业增长的主要推动力。数据也显示，广东省劳动密集型产业对工业增长的贡献率还是非常高的，2015 年该值为39.8%。同时资本密集型产业的贡献率自 2012 年后迅速下降，在 2015 年该值仅为5.3%，如图2－35所示。

（3）从业人员占比。从从业人员来看，劳动密集型产业的从业人数占总从业人数的45%以上，是解决目前广东省就业的重要途径之一。同时，技术密集型产业吸纳的从业人数也比较多，与劳动密集型产业不相上下，这从一个侧面也反映出广东省不少技术密集型产业仍处于劳动密集型的加工组装环节。而资本密集型产业的从业人数最少。随着时间的变化，三类产业的比例趋于稳定，如图2－36 所示。

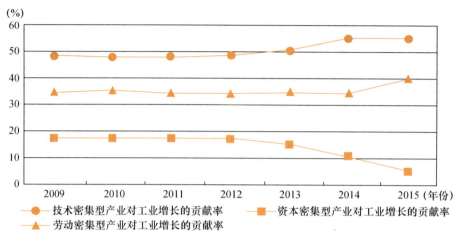

图 2－35　要素密集型产业对工业增加值的贡献率（2009～2015 年）

	2009年	2010年	2011年	2012年
技术密集型工业从业人员占比	44.88	46.06	48.41	49.27
资本密集型工业从业人员占比	3.97	3.93	4.38	4.41
劳动密集型工业从业人员占比	51.02	49.89	46.94	46.10

图 2－36　2009～2012 年广东省要素密集型产业从业人员占比

资料来源：《广东省经济发展报告（2015 年）》。

3. 各种要素密集型产业合适度选择的基本方向

为进一步明确未来广东省技术、资本以及劳动密集型产业的合适度选择，本书以该产业增加值为指标，进一步考察 2008～2015 年以上三类产业的发展趋势。从总量上来看，技术密集型产业具有最高的工业增加值，其次是劳动密集型产业，最低则是资本密集型产业（见图 2－37）；但从增长率来看，劳动密集型产业则最高，资本密集型产业和技术密集型产业居第二位、第三位。

【小结】

广东省已进入后工业化时期，技术密集型产业已占主导地位，技术密集型产业在工业总产值中的占比约 49%，劳动密集型产业占比约 35%，资本密集型产业占比约 16%。技术（知识）密集型产业对工业增长的贡献率基本居于三类产业之首，成为工业增长的主要推动力。劳动密集型产业的从业人数较多，是解决目前广东省就业的重要途径之一。同时，技术密集型产业吸纳的从业人数也比较多，反映广东省的不少技术密集型产业仍处于劳动密集型的加工组装环节。从产业增加值来看，技术密集型产业具有最高的工业增加值，其次是劳动密集型产业；但从增长率来看，劳动密集型产业则最高，资本密集型产业和技术密集型产业居第二、第三位。

（亿元）

图 2 - 37　广东省技术、资本以及劳动密集型产业工业增加值（2008～2015 年）

第四节　广东省对外贸易分析

外贸一直都是广东省经济发展主要引擎之一，是广东省未来经济增长不可忽视的重点领域。尽管目前的增长势头良好，但是必须承认这种逆周期的增长在很大程度上是刺激性政策使然。无论是从出口的商品结构和国别结构来看，还是从贸易方式上看，超高的贸易规模并不能掩盖广东省对外贸易水平不高的尴尬事实。

一、对外贸易规模与增速

1. 进出口总额保持在万亿元，稳居各省市首位

广东省是中国大陆进出口规模最大的省份。改革开放以来，进出口总值始终位居全国第一。2015 年广东省外贸进出口总值为 10227.96 亿美元，虽同比减少 5.0%，但仍保持万亿美元以上。其中出口 6434.68 亿美元，进口 3793.28 亿美元，顺差 2641.40 亿美元。从全国范围来看，广东省外贸进出口总额仍稳居各省市首位，占全国进出口总额的 25.87%。

2. 一般贸易增长，加工贸易大幅下降

全年一般贸易进出口 4311.58 亿美元，增长 3.74%。其中，一般贸易出口 2760.71 亿美元，增长 10.49%；一般贸易进口 1550.87 亿美元，下降 6.44%。加工贸易进出口

4403.31 亿美元，下降 15.36%。其中，加工贸易出口 2812.1 亿美元，下降 12.28%；加工贸易进口 1591.21 美元，下降 20.31%。在加工贸易中，来料加工贸易进出口总额 543.68 亿美元，下降 10.23%；进料加工贸易进出口总额 3859.63 亿美元，下降 16.04%。

3. 私营企业进出口增长，外商投资企业和国有企业进出口分别大幅下降，集体企业进出口增长

2015 年私营企业进出口 3518.68 亿美元，同比增长 5.86%，占全省进出口总额的 34.40%，比重比 2014 年提高 1.83 个百分点。其中，私营企业出口 2181.77 亿美元，下降 1.84%；私营企业进口 1336.91 亿美元，增长 4.07%。

2015 年外商投资企业进出口 5426.75 美元，大幅下降 7.84%。其中，外商投资企业出口 3329.59 亿美元、进口 2097.16 亿美元，分别下降 6.49% 和 9.90%。国有企业进出口 798.89 亿美元，下降 9.04%。集体企业进出口 237.01 亿美元，增长 5.86%。

4. 与中国香港地区、日本和非洲贸易大幅下降，与美国、欧盟、东盟贸易增长

2015 年广东省与香港地区贸易进出口 2097.8 亿美元，大幅下降 10.82%。与美国贸易进出口 1283.92 美元，增长 5.43%。与欧盟贸易进出口 1071.59 亿美元，增长 1.45%。与东盟贸易进出口 1133.83 亿美元，小幅增长 0.98%。与日本贸易进出口 622.59 亿美元，大幅下降 8.33%；其中，自日本进口 379.75 亿美元，下降 9.54，对日本出口 242.84 亿美元，下降 6.38 %。与非洲贸易进出口 432.37 亿美元，下降 12.35%；其中，出口 267.13 亿美元、进口 165.24 亿美元，分别大幅增长 22.98% 和下降 40.15%。

5. 机电产品、高新技术产品出口小幅度增加，传统劳动密集型产品出口增长强劲

2015 年，广东省机电产品出口 4380.34 亿美元、高新技术产品（与机电产品有交叉，下同）出口 2325.47 亿美元，分别增加 2.21% 和 0.66%，而全省出口总体下降。在高新技术产品中，光电技术产品出口 134.47 亿美元，下降 0.75%；电子技术产品出口 320.19 亿美元，大幅增加 14.24%；计算机与通信技术产品出口 1792 亿美元，下降 1.56%。

主要传统劳动密集型产品中，服装及衣着附件出口 378.12 亿美元，增长 9.42%；鞋类及零件出口 159.91 亿美元，增长 3.92%；家具、床上用品、照明装置、发光标志出口 358.3 亿美元，增长 11.18%；塑料制品出口 169.82 亿美元，增长 4.92%；玩具、游戏、运动用品及零附件出口 213.97 亿美元，增长 4.56%。

6. 机电产品进口下降，高新技术产品进口不变，矿产品、钢铁及其制品、车辆及零附件进口下滑

2015 年，机电产品进口 2489.04 亿美元，下降 2.13%。高新技术产品进口 1932.84 亿美元，与 2014 年几乎持平。在高新技术产品中，生命科学技术产品进口 27.79 亿美元，微弱增长 0.11%；计算机集成制造技术产品进口 59.07 亿美元，严重下

滑，降幅为 17.05%。

矿产品进口 161.4 亿美元，同比下降 41.4%；其中，矿物燃料、矿物油及产品进口 136.29 亿美元，下降 43.32%。钢铁及其制品进口 53.52 亿美元，下降 23.83%。车辆及零附件进口 28.19 亿美元，下降 18.3%。

7. 广州市、东莞市、韶关市、茂名市进出口增长，深圳市、佛山市、汕尾市、珠海市、中山市等均出现进出口下滑

2015 年，深圳市进出口 4424.55 亿美元，减少 9.28%；广州市进出口 1338.62 亿美元，增长 2.52%；东莞市进出口 1675.43 亿美元，增长 3.11%；佛山市进出口 657.12 亿美元，减少 4.50%；惠州市进出口 543.56 亿美元，减少 8.51%；韶关市进出口 23.9 亿美元，增长 1.53%；汕尾市进出口 32.02 亿美元，减少 18.9%；茂名市进出口 16.35 亿美元，增长 19%；珠海市进出口 476.37 亿美元，减少 13.32%；中山市进出口 356.01 亿美元，下降 3.67%。

从区域来看，珠三角 9 市进出口 9752.06 亿美元，减少 5.24%；粤东 4 市进出口 226.72 亿美元，增长 1.29%；粤西 3 市进出口 96.36 亿美元，下降 7.14%；粤北山区 5 市进出口 152.83 亿美元，增长 4.18%。

8. 广东省外贸依存度高

随着近年来中国参与经济全球化的程度的日益加深，对外贸易在国民经济中扮演着越来越重要的角色，进出口对中国经济的促进作用也日趋明显。然而过度的对外贸易依存度，会加深中国经济的对外依赖程度，存在着一定的风险和隐患。一旦外部市场发生变动，尤其是当世界经济发生剧烈波动和国际政治出现重大事件时，将严重影响中国的经济发展和正常的经济秩序。作为改革开放窗口的广东省，长期以来外贸依存度居全国前列，受全球性金融危机的影响也极大。

广东省是中国大陆外贸依存度最高的省份之一。1990～2013 年广东省的外贸依存度始终在 100% 以上，有些年份还超过 180%。2014 年和 2015 年分别下降至 97.5% 和 87.5%。广东省外贸依存度低于上海市和北京市，远高于其他所有省份。

广东省对外依存度高是由地理位置、自然资源、历史渊源、国家政策等多项原因造成的。首先，广东省经济是典型的外资经济，对外贸易总额稳居各省市首位。"当 GDP 维持在一个相对稳定的增速时，对外贸易的增速越高，对外依存度也越大"，而这就是广东省外贸依存度"高居不下"的原因之一。其次，过大比重的加工贸易增加了广东省对外的依存度。广东省地理条件优越，交通方便，吸引全国各地的手工制造者来此工作，而丰富的廉价劳动力为加工贸易提供了肥沃的土壤。同时，广东省原材料相对缺乏，加工贸易中来料加工当属首选，即由外商提供全部或部分原料、材料、辅助材料，制成品交外商销售，加工企业只收取加工费，因此，这一进一出并没有在国内产生过多的附加增值，但却需要加以汇总算入 GDP 的进出口部分，使得外贸依存度明显有虚增的成分。最后，广东省靠近海洋，航道可通五大洲，历史上就曾经作为中国经贸发达地区，清朝即闻名海内外。这一历史传统也是今天广东省对外依存度高的原因之一。

【小结】

改革开放以来，广东省的进出口总值始终位居全国第一。一般贸易增长，加工贸易大幅下降。私营企业进出口增长，外商投资企业和国有企业进出口分别大幅下降，集体企业进出口增长。与香港地区、日本和非洲贸易大幅下降，与美国、欧盟、东盟贸易增长。从产品结构来看，2015 年广东省的机电产品、高新技术产品出口小幅度增加，传统劳动密集型产品出口增长强劲；机电产品进口下降，高新技术产品进口不变，矿产品、钢铁及其制品、车辆及零附件进口下滑。从区域来看，2015 年珠三角进出口减少 5.24%，粤东进出口增长 1.29%，粤西进出口下降 7.14%，粤北山区进出口增长 4.18%。作为改革开放窗口的广东省，长期以来外贸依存度居全国前列，受全球性金融危机的影响也极大。2015 年广东省的外贸依存度下降至 87.5%，低于上海市和北京市。

二、进口市场结构

1. 广东省进口市场规模列全国首位

广东省进口市场规模庞大。进口市场不仅对贸易大省广东省的自身发展具有举足轻重的作用，更会对国家的经济水平产生相当大的影响。横向来看，2015 年广东省进口产品总金额约 3793.28 亿美元，占全国进口总额 16795.64 亿美元的 22.58%，在所有省份中名列前茅。纵向来看，2015 年广东省进口额较 2014 年下降了 11.89%，低于全国平均增长率 −7.09%。

2. 广东省进口物品品种结构分析

（1）从省内进口物品品种结构来看，广东省的进口产品主要集中在工业原材料与低端中间品之上，进口的高新技术产品与工业制成品比重相对较小。

从广东省 2015 年的主要进口物品与相应进口金额来看，集成电路、电子件进口额在全省进口总值中所占比重最大，进口金额为 865.31 亿美元，占全省进口总值的 22.81%。半导体器件进口次之，进口额为 120.98 亿美元，占全省进口总值的 3.19%。初级形态塑料（包括初级形态聚乙烯、聚丙烯、聚苯乙烯等）进口额为 109.9 亿美元，占全省进口总值的 2.90%；数据处理设备进口额为 109.64 亿美元，占全省进口总值的 2.89%；石油（包括原油和成品油）进口额随后，其中原油进口金额为 55.6 亿美元，成品油进口金额为 12.98 亿美元，二者共占全省进口总值的 1.81%；钢材进口金额为 35.44 亿美元，占全省进口总值的 0.93%（见表 2 − 5）。

表 2 − 5　　　　　　　　广东省进口物品品种与金额　　　　　　　单位：万美元

商品名称	2014 年	2015 年	商品名称	2014 年	2015 年
谷物	165911.3	225101	牛皮革、马皮革	198276.5	182245.4
#小麦	20454.56	13923.56	胶合板	3553.3	3809.63
稻谷和大米	65530.83	72333.98	纸及纸板	91435.99	87468.68

续表

商品名称	2014 年	2015 年	商品名称	2014 年	2015 年
大豆	292106. 4	221055. 7	#牛皮纸	13539. 42	13201. 81
鲜、干果类	230115. 8	256026. 3	毛纱线	13754. 8	17248. 43
#香蕉	1770. 94	2868. 11	棉纱线	194921. 8	195497. 5
食用植物油	41414. 7	101900. 5	合成纤维纱线	75562. 45	72115. 88
#棕榈油	35688. 6	95390. 63	丝绸	2975. 57	2938. 96
食糖	14539. 85	28833. 61	棉布	67233. 4	56910. 96
饲料	23514. 31	32694. 85	化纤布	49584. 82	43294. 35
纸烟	14356. 85	14763. 43	钢材	474990. 3	354387. 3
天然橡胶	21204. 26	18002. 05	#钢铁板材	377923. 1	281565. 2
合成橡胶	58784. 56	54021. 22	铜材	324101. 4	267268. 7
原木	143480. 3	91142. 27	铝材	108014. 7	68999. 65
锯材	203430. 7	202178. 2	制冷压缩机	28150. 62	25685. 4
纸浆	102286. 8	102447	空调	2115. 12	1882. 13
羊毛	1653. 37	1664. 08	制冷设备	2507. 5	3113. 15
原棉	16506. 9	8284. 71	机械装卸设备	57543. 33	61227. 02
合成纤维	10889. 56	9674. 96	建筑采矿设备	47174. 29	44500. 21
#聚酯纤维	4438. 13	4069. 84	食品机械	5885. 73	5859. 88
聚丙烯腈纤维	1591. 26	1288. 05	造纸、纸品机械	11862. 69	9631. 55
人造纤维	1320. 75	1275. 52	印刷机械	482472. 5	412947. 4
铁矿砂	181489	98893. 82	纺织机械	33695. 73	31162. 63
氧化铝	33892. 57	20824. 06	工业缝纫机	1108. 47	1348. 96
原油	1325633	555993. 6	机床（台）	196769. 9	140966. 5
成品油	226927. 6	129821. 8	橡、塑加工机械	56739. 09	43437. 41
液化石油气	367575. 2	299138. 3	数据处理设备	1311994	1096380
乙二醇	14962. 05	15363. 63	电动、发电机	123371. 1	102224. 4
对苯二甲酸	17061. 94	13071. 32	发电机组、变流机	17150. 28	15706. 76
己内酰胺	12709. 51	6078. 7	电视机	262. 19	111. 24
医药品	223424. 9	233586. 2	#彩色电视机	262. 19	111. 24
#抗生素	3480. 12	3150. 58	半导体器件	1192531	1209823
肥料	16853. 37	18621. 71	电路保护装置	798549. 5	766789. 6
#氯化钾	14512. 54	18303. 2	显像管	468. 2	31. 24
合成有机染料	7580. 17	7143. 43	集成电路、电子件	7932789	8653083
初级形状聚乙烯	177087. 7	166409. 1	电线、电缆	220459. 7	206115. 1
初级形状聚丙烯	244889. 2	201312. 1	汽车及底盘	15027. 96	28940. 73
初级形状聚苯乙烯	314918. 9	267355. 1	#小轿车	1504. 18	926. 64
#ABS 树脂	199369. 5	171094. 2	旅行车	1623. 3	3047. 88
初级形状聚氯乙烯	49814. 98	42447. 77	船舶	7633. 7	24142. 81
初级形状聚酯	282716. 9	250375. 6	塑料制品	111944. 9	107827. 8
农药	4476. 32	4578. 74	印刷品	48125. 66	50900. 96

（2）广东省对农副产品的进口需求较低。广东省对农副产品的进口需求较低。在众多农副产品的进口中，广东省对谷物和大豆的需求较高，2015年二者的进口额分别占全省进口总值的0.59%和0.58%；鲜、干果类的进口比重为0.67%。

（3）广东省的进口市场结构多样化。2015年，在广东省进口物品的品种结构中，位列进口额前十的产品占全省进口总额百分比之和为36.63%，低于多个沿海省市的同一数据。从这一百分比的差距中可以看出，广东省的进口市场在产品种类上具有更大的多样性。

3. 广东省进口物品来源结构分析

（1）广东省进口贸易伙伴在近十余年中均主要集中在亚洲。2015年广东省在亚洲的进口额约为2955.25亿美元，占全省总进口额的77.9%，其中，中国香港地区占1.22%，日韩占20.86%，东盟占14.62%。从广东省加工贸易的特点与主要出口对象中不难发现，广东省的开放贸易特征就是从亚洲其他国家进口低端中间品和原材料，加工成制成品之后出口到亚洲发达经济体以及欧美等主要消费市场（见图2－38）。

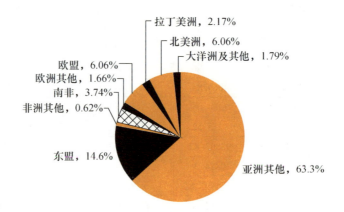

图2－38　2015年广东省来自各地区进口占全省进口总值比重

表2－6　　　　　　　　广东省进出口贸易洲际结构变化　　　　　　　　单位：%

地区	2014年			2015年		
	进出口	出口	进口	进出口	出口	进口
亚洲	66.29	60.16	75.48	64.98	57.36	77.91
非洲	4.58	3.36	6.41	4.23	4.15	4.36
欧洲	11.61	13.98	8.05	11.84	14.27	7.72
拉丁美洲	3.62	4.44	2.4	3.77	4.71	2.17
北美洲	12.21	16.54	5.73	13.50	17.89	6.06
大洋洲及其他	1.66	1.51	1.88	1.68	1.62	1.79

进口的洲际结构也经历缓慢的调整，广东省从亚洲的进口份额长期以来保持在70%以上，居绝对的统治地位。欧洲是广东省的第二大进口来源地，北美洲位居第三，接着依次是非洲、拉丁美洲和大洋洲及其他。2015年，广东省从欧洲、非洲、拉丁美

洲和大洋洲及其他地区的进口份额有一定比例的下降，而从北美洲的进口则有小幅度的增加（见表2-6）。

（2）欧盟与美国是广东省重要的进口贸易伙伴。2015年广东省从欧盟的进口额为229.96亿美元，从美国的进口额为205.83亿美元，分别占全省总进口额的6.06%和5.43%。欧盟各国中，广东省的主要进口来源地为德国（进口份额1.98%）、意大利（进口份额0.73%）、英国（进口份额0.52%）、荷兰（进口份额0.37%）、法国（进口份额0.97%）。除此之外，广东省从瑞士进口了1.24%的产品；加拿大也是广东省的重要进口贸易伙伴之一，2015年加拿大为广东省提供了约占广东省进口总额0.63%的进口产品（见表2-7）。

表2-7　　　　　　2015年广东省主要进口贸易国家或地区及其贸易额　　　　　单位：亿美元

排序	国家（地区）	进口	进出口	排序	国家（地区）	进口	进出口
1	中国台湾	532.32	606.19	19	加拿大	23.82	95.04
2	韩国	411.65	649.49	20	阿联酋	23.07	114.84
3	日本	379.75	622.59	21	英国	19.8	186.5
4	美国	205.83	1283.92	22	墨西哥	18.27	104.86
5	马来西亚	168.88	283.07	23	智利	17.25	40.74
6	南非	141.89	176.79	24	沙特阿拉伯	15.38	75.38
7	泰国	132.44	219.12	25	荷兰	14.2	137.01
8	德国	75.04	232.36	26	新西兰	9.23	20.32
9	菲律宾	68.7	133.29	27	比利时	9.1	49.9
10	新加坡	68.56	195.97	28	丹麦	7.38	20.99
11	澳大利亚	56	144.26	29	西班牙	7.32	60.72
12	瑞士	46.96	54.7	30	俄罗斯	6.5	58.72
13	中国香港	46.24	2097.8	31	奥地利	6.48	11.81
14	印度尼西亚	41.75	109.37	32	阿根廷	4.92	25.47
15	法国	36.62	108.56	33	芬兰	4.3	10.62
16	巴西	28.38	82.83	34	波兰	2.11	36.67
17	意大利	27.7	89.34	35	中国澳门	1.61	23.24
18	印度	25.99	144.14	36	埃及	0.59	27.17

（3）广东省是中国香港在大陆最重要的出口对象，也是亚洲、日韩、欧美重要的出口对象之一。广东省对亚洲、美国、欧盟、日本与韩国的对华出口贸易有着举足轻重的影响。广东省是香港地区在中国内地的主要市场，2015年在香港地区对中国内地的出口中，广东省占了36.28%。粤亚、粤日、粤韩、粤欧、粤美进口贸易，在整个中国与这些国家或地区的进口贸易中，都占十分重要的地位。总体而言，这些国家或地区对中国出口额呈上升趋势（见图2-39）。2015年，广东省与这些国家或地区之间的进口贸易，分别占到了中国对这些国家和地区进口贸易的27.23%、23.3%、21.65%、8.71%和12.94%。

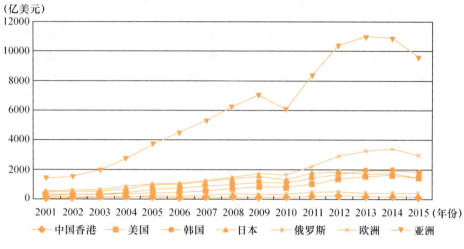

图 2 – 39　中国海关货物进口总额（按国家及地区分）（2001～2015 年）

4. 广东省进口方式结构分析

（1）广东省现阶段的对外贸易仍以加工贸易为主。进口贸易方式大致分为三种：一般贸易、加工贸易、其他贸易。一般贸易缓慢增长，同时加工贸易逐年下降。综合来看，现阶段广东省的主要进口贸易仍集中在加工贸易之上（见图 2 – 40）。2015 年广东省一般贸易进口总额 1550.87 亿美元，约占全省进口贸易总额的 40.88%；加工贸易进口总额 1591.21 亿美元，约占全省进口贸易总额的 41.95%；其他贸易 651.2 亿美元，约占全省进口贸易总额的 17.17%。广东省进口贸易以加工贸易方式为主，且呈逐年下降的特征，这与广东省是利用外商直接外资的大省有关。

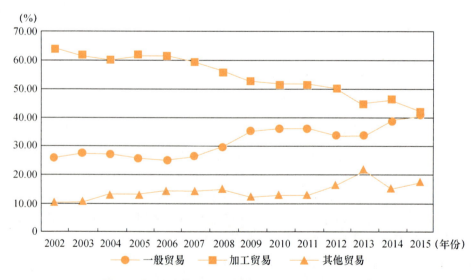

图 2 – 40　广东省进口贸易方式分布（2002～2015 年）

（2）广东省是全国加工贸易进口最重要的省份，加工贸易进口额超过全国加工贸易进口总值的 40%，广东省的一般贸易和其他贸易也在全国同类进口贸易市场上具有重要地位。

全球金融危机以来，世界贸易深度下滑，而我国外贸也面临更加严峻的下行压力。尽管如此，2015 年中国货物贸易进出口和出口额仍稳居世界第一。全年进出口总额 39530.33 亿美元，其中一般贸易占 54.11%，比 2014 年增加了 0.35 个百分点。在出口总额 22734.68 亿美元中，一般贸易为 12156.97 亿美元，加工贸易为 7978 亿美元；在进口总额 16795.65 亿美元中，一般贸易为 9231.88 亿美元。在中国货物进出口贸易中，一般贸易进口占据最主要的地位，且有上升的趋势，见图 2-41。

图 2-41　全国货物一般贸易进出口占全部进出口份额（2001～2015 年）

图 2-42　广东省一般贸易额占全国一般贸易总额的份额（2001～2015 年）

一直以来广东省的货物贸易以加工贸易为主，但加工贸易呈下降趋势，同时一般贸易逐年上升。2015 年，广东省的加工贸易额占广东省总贸易额的41.95%，一般贸易额占总贸易额的40.88%。照此趋势，广东省一般贸易额很快就能超过加工贸易额。广东省在全国加工贸易领域有着极大的重要性，其中，加工贸易一直名列全国前茅，加工贸易进口额超过全国加工贸易进口总值的40%，一般贸易与其他贸易额占全国同类贸易总值比重第一位，全面领先于其他省份。近几年广东省的一般贸易额占全国一般贸易额的比例逐年上升。2015 年广东省的一般贸易进口额占全国一般贸易进口总额的16.8%，一般贸易出口额占全国一般贸易出口总额的22.71%（见图 2 – 42）。

5. 广东省进口主体结构分析

（1）广东省进口主体中的绝大多数是外资企业，反映出广东省经济是典型的外资经济。进口主体结构指进口企业性质的结构，在我国可分为国有企业、集体企业、私营企业、外资企业与其他企业五类。进口主体结构可以反映一个地区经济的所有制结构。就广东省进口（出口也是一样）企业的性质结构来看，广东省经济是典型的外资经济。从长期的趋势来看，在广东省进口主体中，外商投资企业、国有企业和集体企业的进口比重呈明显下降的趋势，同时私营企业的进口比重呈明显上升趋势。就 2015 年的数据来看，外资企业进口额高达 2097.16 亿美元，占广东省总进口额的 32.59%，对广东省的进口市场繁荣做出了重大贡献。在广东省的其他进口主体中，私营企业的进口额为 1336.91 亿美元，约占全省进口总额的 20.78%；国有企业的进口额为 302.58 亿美元，约占全省进口总额的 4.7%（见图 2 – 43）。

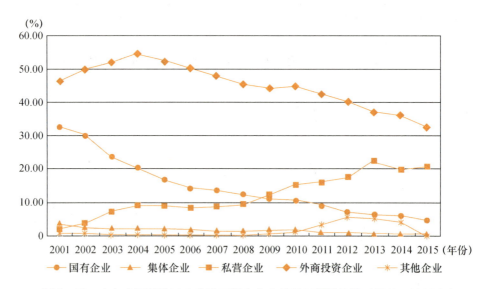

图 2 – 43　广东省不同进口企业进口额占本省总进口额的比重（2001～2015 年）

（2）广东省的外资企业与其他企业进口额占全国同类企业进口总值比重较大。2014 年，全国国有企业进口额约为 3888.4 亿美元，外资企业进口额约为 7365.8 亿美元，其他企业进口额约为 436.6 亿美元。2014 年，广东省国有企业进口额占全国国有企业进口额的 9.79%，广东省外资企业进口额占全国外资企业进口额的 31.6%。

【小结】

广东省进口市场规模列全国首位。从省内进口物品品种结构来看，广东省的进口产品主要集中在工业原材料与低端中间品之上，进口的高新技术产品与工业制成品比重相对较小。广东省对农副产品的进口需求较低，而在众多农副产品的进口中，对谷物和大豆的需求较高。进口市场在产品种类上具有更大的多样性。广东省进口贸易伙伴在近十余年中主要集中在亚洲，欧盟与美国也是广东省重要的进口贸易伙伴。广东省是香港地区在大陆最重要的出口对象，也是亚洲、日韩、欧美重要的出口对象之一。一般贸易缓慢增长，同时加工贸易逐年下降，综合来看，现阶段广东省的主要进口贸易仍集中在加工贸易之上。广东省是全国加工贸易进口最重要的省份，一般贸易和其他贸易也在全国同类进口贸易市场上具有重要地位。广东省进口主体中的绝大多数是外资企业，反映出广东省经济是典型的外资经济。

三、出口市场结构

1. 广东省出口市场规模综述

广东省出口市场规模居全国首位，在全国占有不可或缺的地位。2015 年全国出口总额为 22734.68 亿美元，同比下降 2.96%。其中，广东省出口产品总金额就有 6434.68 美元，同比略降 0.41%。广东省出口额占全国总额的 28.3%，列全国首位。广东省无论是出口规模还是增速都在全国占有举足轻重的地位，广东省的出口市场不仅对推动本省经济发展具有重要意义，而且是全国对外贸易不可或缺的基石。

2. 广东省出口物品品种结构分析

就省内出口结构而言，广东省以出口服装鞋类、纺织品、家具等劳动密集型产品以及自动数据处理器、液晶板等电子产品为主。2015 年出口金额前十名依次为手持或车载无线电话、数据处理设备、服装及衣着附件、家具、贵金属及首饰、鞋、灯具等照明用品、纺织品、集成电路及微电子件和静止式变流器（见表 2-8）。

表 2-8　　　　2014 年和 2015 年广东省出口物品品种与金额　　　　单位：万美元

商品名称	2014 年	2015 年	商品名称	2014 年	2015 年
活猪	18672	18663.63	钢材	429143.4	375052.3
活家禽	1581	1356.75	铝材	213508.5	219200.5
鲜、冻猪肉	5938.9	5366.2	铜材	101014.6	78676.14
冻鸡	951.6	1022.01	工具	132380.8	140853.2
水产品	298194	280755.9	微波炉	205953.3	196143.3
#活鱼	24738	23946.89	电扇	291610.7	291468
鲜冻对虾	5054.16	3460.64	普通缝纫机	12328.3	10520.08
谷物	7133.5	6793.45	金属加工机床	39701.57	42838.34

续表

商品名称	2014 年	2015 年	商品名称	2014 年	2015 年
#大米	102. 97	196. 34	电子计算器	41300. 81	28735. 17
蔬菜	30255	31281. 18	数据处理设备	4664324	4169423
#鲜蔬菜	17987. 07	17680. 21	电动、发电机	363537. 4	378877. 4
鲜、干果类	23080	16634. 6	静止式变流器	1160792	1148854
#柑橘橙	7140. 84	2733. 72	原电池	94943. 95	90150
食用油籽	219. 44	215. 85	蓄电池	432211	508143. 7
食用植物油	4000. 83	3725. 69	有线电话	148554. 4	137407
食糖	3206. 04	4017. 56	手持或车载无线电话	4918980	4974279
茶叶	5749. 17	4073. 23	扬声器	449380. 6	487188. 9
猪肉罐头	4. 61	7. 8	收录机、组合音响	295297. 1	359431. 6
蘑菇罐头	1434. 46	1389. 29	彩电（整套散件）	727229. 5	674285. 4
羽毛、羽绒	6655	4672. 82	集成电路、微电子件	970672. 9	1251870
药材	16283. 34	15663. 07	集装箱	242877. 4	154727. 5
纸烟	2376. 63	2064. 17	自行车	66029. 21	68063. 02
生丝	3387. 85	2959. 55	船舶（艘）	211730. 5	323979. 4
成品油	211969	130085. 6	照相机	180478. 8	160573. 2
合成有机染料	2603. 59	2170. 24	手表	187305	201858. 6
医药品	103235. 1	108052. 4	#电子手表	178301. 9	191711. 5
#抗生素	32473	31335. 54	日用钟	28225. 8	30026. 59
烟花爆竹	5500. 64	5981. 51	家具	1964855	2071092
松香、树脂	6309. 63	4035. 36	床垫、卧具用品	89038. 78	92307. 53
轮胎	58644. 59	57044. 61	灯具、照明用品	1120938	1372896
纸及纸板	96311. 76	95288. 6	箱包、旅行用品	897329. 3	1043634
纺织品	1202066	1258733	服装、衣着附件	3634325	3962660
#棉纱线	49960. 07	42011. 29	#织物服装	3177254	3463217
丝绸	7396. 54	7570. 3	皮革服装	7857. 69	6232. 31
棉布	167517. 3	168822. 4	皮革手套	36366. 69	33937. 39
麻纺布	20584. 13	24182. 68	帽类	79609. 04	81748. 16
混纺布	5155. 83	4013. 33	鞋	1472141	1522551
玻璃制品	136939. 5	140686. 4	#橡胶、塑料鞋	281257. 2	339294. 3
家用陶瓷	268340. 1	382696. 8	皮鞋	514158	479773. 9
家用或装饰用木制品	33597. 71	36746. 99	塑料制品	1041281	1137680
珍珠、宝石	176749. 8	126304. 3	玩具	952496. 4	1072605
贵金属及首饰	3461015	1542947	体育用品及设备	376038. 9	338194. 9

（1）出口机电产品与高新技术产品的比重较小。广东省2015年主要出口产品分别是以下五类：手持或车载无线电在全省出口产品比重中居首位，出口总值为497.43亿美元，占全省出口总金额的7.73%；数据处理设备位居第二，出口总值为416.94亿美元，占全省出口总值比重为6.48%；服装及衣着附件位居第三，出口总值为396.27亿美元，占全省出口总值的6.16%；家具出口总值为207.11亿美元，占广东省出口总值的3.22%；贵金属及首饰出口总值为154.29亿美元，占全省出口总值的2.4%。

（2）广东省对贱金属制品、化工业产品、汽车等的出口相对不足。从商品分类来看，2015年，广东省机械、电气设备、电视机及音响设备出口占全省出口的首位，总额达3447.74亿美元，占全省出口的53.58%。广东省对化工产品出口不足，出口总额82.48亿美元，占全省出口的1.28%；车辆、航空器、船舶出口总额为159.98亿美元，占全省的2.49%；出口同样不足的还有贱金属及其制品，2015年该类商品出口总额294.76亿美元，占全省的4.58%。

（3）广东省出口结构更加多样化。2015年，位列广东省出口额前五类的产品（手持或车载无线电话、数据处理设备、服装及衣着附件、家具和贵金属及首饰）占全省出口总额百分比之和为25.98%。并没有某一种产品在广东省出口总额中占绝对优势，这使得广东省有更大的潜力去发展更多的出口产品。

就同类产品占全国同一市场的比重而言，广东省以出口劳动密集型产品（服装鞋类、家具、集装箱）与电子产品（电话机、自动数据处理设备、液晶显示板）为主，机电产品、高新技术产品、钢铁、汽车所占比重较小。

从出口数量和金额占全国同类物品出口比重来看，2014年，广东省主要出口产品如下：手持或车载无线电话出口数量占全国同类物品比重为59.1%，占全国同类物品出口总值比重为54.23%；服装及鞋类占全国总值的57.75%；液晶显示板占总量的68.4%，占总值的35.88%；自动数据处理设备及部件占总量的59.1%，占总值的28.29%；家具及其零部件占总值的21.04%。以上几类产品出口总量或总值在全国出口市场占有绝对主导地位。集装箱出口占全国总量的20.1%，占总值的25.56%；纺织品出口占全国总值的4.17%，在全国也具有重要地位；钢材出口占全国总值的7.73%；汽车出口占全国总值的6.11%。以上这些物品虽然就全国范围而言比重不小，但与广东省其他主要出口品以及山东省等其他发达省市相比就落后不少，而机电产业与高新技术产业则与江苏省和浙江省相去甚远。

3. 广东省出口物品去向分析

（1）广东省出口贸易的洲际集中度极高，主要集中在亚洲、北美洲与欧洲。广东省的贸易对象相对集中，在广东省进出口贸易中，亚洲占据着绝对的主导地位，其次为北美洲和欧洲。2015年，广东省对主要出口市场出口额占全省出口总值的比重，亚洲为57.36%，北美洲为17.89%，欧洲为14.27%，三者之和占广东省出口总值的89.52%，占据了绝对比重，该比重比2014年的90.68%略微下降。可以说，广东省出口贸易的洲际集中度极高，出口贸易的外部区域结构极不平衡。

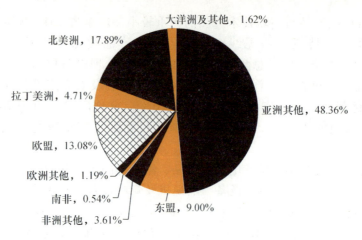

图2-44　广东省2015年对各地区出口占全省出口总值比重

从国家或地区来看，广东省大部分的贸易伙伴国及地区都分布在亚洲，而亚洲市场又以中国香港地区为主导。2015年广东省前五个出口贸易伙伴分别是中国香港地区、美国、日本、韩国和英国，对应的出口额分别占广东省总出口额的31.88%、16.75%、3.77%、3.7%和2.59%。由表2-9可以看出，广东省的对外贸易具有深厚的地缘特征，同时与欧美国家的联系也在加强。

表2-9　　　　　　　　2015年广东主要出口贸易伙伴及其贸易额　　　　　　单位：亿美元

排序	国家（地区）	出口额	排序	国家（地区）	出口额
1	中国香港	2051.56	19	菲律宾	64.59
2	美国	1078.09	20	意大利	61.64
3	日本	242.84	21	沙特阿拉伯	60.00
4	韩国	237.84	22	巴西	54.45
5	英国	166.70	23	西班牙	53.40
6	德国	157.32	24	俄罗斯	52.22
7	新加坡	127.41	25	比利时	40.80
8	荷兰	122.81	26	南非	34.90
9	印度	118.15	27	波兰	34.56
10	马来西亚	114.19	28	埃及	26.58
11	阿联酋	91.77	29	智利	23.49
12	澳大利亚	88.26	30	中国澳门	21.63
13	泰国	86.68	31	阿根廷	20.55
14	墨西哥	86.59	32	丹麦	13.61
15	中国台湾	73.87	33	新西兰	11.09
16	法国	71.94	34	瑞士	7.74
17	加拿大	71.22	35	芬兰	6.32
18	印度尼西亚	67.62	36	奥地利	5.33

（2）就广东省占全国对同一地区出口总值的比重而言，广东省是香港地区在大陆最重要的贸易伙伴，同时在对欧盟、美国、日韩，东盟、俄罗斯贸易中也占有重要的地位。亚洲、欧洲和美洲是中国的重要出口市场。作为贸易大省，广东省对中国出口做了极大贡献。2015年广东省对中国香港的出口占全国对港出口的62.08%，占绝对领先地位。同时，广东省对美国、韩国、日本、俄罗斯的出口总值分别占全国对这些国家出口总值的26.34%、23.48%、17.91%和15.02%，对欧洲和亚洲的出口值分别占全国对这两个地区出口总值的22.77%和32.37%，都占有重要位置（见图2-45）。

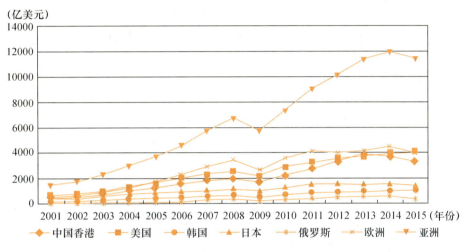

图2-45 中国海关货物出口总额（按国家及地区分）（2001~2015年）

4. 广东省出口方式结构分析

（1）广东省贸易出口方式以加工贸易为主，一般贸易也旗鼓相当，其他贸易方式较少。广东省贸易出口方式以加工贸易为主，但加工贸易出口长期以来呈下降趋势，从2002年的78.67%下降到2015年的43.70%；与此同时，一般贸易出口从18.33%上升到42.90%；其他贸易方式的出口也从3.01%上升到13.39%（见图2-46）。2015年，广东省加工贸易出口总额为2812.1亿美元，一般贸易出口总额为2760.71亿美元，其他贸易方式出口总额为861.60亿美元。

广东省是我国对外贸易总额最大的省，它的出口贸易方式以加工贸易为主，体现了加工贸易在我国对外贸易整体格局中的重要地位。而加工贸易在广东省对外贸易中占有重要地位这一特点，充分显示了加工贸易"两头在外"的性质。"两头在外"是指，原材料从国外进口，生产的制成品也是销往国外。目前我们作为国际加工、组装和制造者的特征非常明显，主要是从原材料出口国进口初级产品和自然资源，从亚洲周边地区进口初级产品和半成品，从发达国家进口高技术零部件甚至全拆装零部件，利用广东省的劳动力以及本地零部件进行再加工、组装和制造，最终把产成品出口到发达国家。通过前文对外贸依存度与进口方式的分析，我们不难看到，导致我国加工贸易"两头在外"特征的最主要原因就是我国各地加工贸易中零件过度依赖外国市场。

而这种过高的依赖性严重阻碍了我国对外贸易的均衡发展。国产料件很少使用，严重影响加工贸易产品国产率，当一个贸易大省的最主要贸易方式过于依赖国外零部件进口时，这种贸易就失去了一定的独立性，发展的好坏全仰仗无法掌控的国外市场。

一般贸易迎头赶上的势头也说明广东省乃至全国在国际市场上正失去传统的优势，比如低廉的劳动力和土地，同时人民币升值及政府和人民越来越强的环保意识也影响外商的投资行为。广东省的贸易方式正突破传统模式，积极摸索产业转型道路以弥补传统出口产业的下降。

从对外贸易发展规律来看，发达国家加工贸易在进出口中所占的比重低，发展中国家加工贸易在进出口中所占比重高，在经济发展到一定阶段后，经济越发达，加工贸易在进出口中所占比重越小。从 20 世纪 80 年代开始到 20 世纪末，我国加工贸易占进出口的比重呈逐年增长态势，1980 年为 5.7%，1990 年为 38.3%，1998 年为 53.4%。由于对欧美等主要市场的加工贸易出口增速明显减缓，我国加工贸易依靠"两头在外"的形式已经无法长久维持，转型升级的压力进一步加大。到 21 世纪，加工贸易占总贸易的比重呈下降态势，2015 年加工贸易仅占全国出口贸易的 35.09%，同时一般贸易出口的比重明显增长，从 2001 年的 42.06% 上升到 2015 年的 53.47%。

由此可见，我国开展的加工贸易技术含量低，中间投入品主要依靠进口，对国产料件的利用率不高。尽管国内有相关的配套企业，但由于我国产业结构长期封闭落后，缺乏竞争力，很难为加工贸易企业提供符合质量要求的原材料和中间产品。加工贸易企业由"两头在外"的简单产品生产向研发设计、品牌营销转型势在必行。

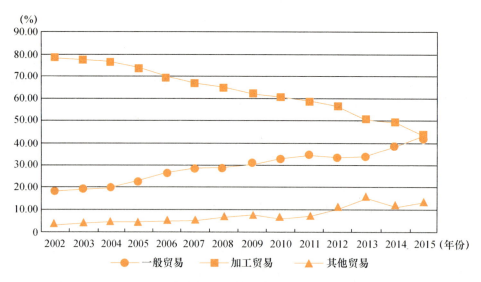

图 2-46 广东省出口贸易方式分布（2002~2015 年）

（2）广东省的加工贸易、一般贸易、其他贸易均占全国同类出口方式的首位。广东省的三大贸易方式均占全国同类出口方式的首位。广东省一般贸易出口占全国一般贸易出口的比重大幅增加，从 2001 年的 14.74% 增加到 2015 年的 22.71%。广东省加工贸易出口和其他贸易出口分别占全国同类出口方式的比重也显著，2015年这两项比重分别为35.24%和33.14%。由此可见，领先的贸易规模成为广东省各项出口方式处于全国前列的重要原因。

5. 广东省出口主体结构分析

（1）外资企业出口在广东省出口总值中具有最重要地位，反映了广东省经济是典型的外资经济。一直以来，外资企业占据了广东省出口市场的半壁江山，充分显示了广东省是典型的外资经济。尽管近几年来外资企业的出口额占广东省总出口额的比重有所下降，但在2015年广东省外资企业出口额为3329.59亿美元，仍占全省各类企业出口额的51.74%。私营企业出口额为2181.77亿美元，占各类企业出口额的33.91%；国有企业出口额为496.31亿美元，占各类企业出口额的3.75%；集体企业出口额为185.48亿美元，占各类企业出口额的2.88%；其他企业出口额为241.54亿美元，占各类企业出口额的7.71%（见图2-47）。

值得注意的是，国有企业占全省总出口额的比重下滑明显，同时私营企业的比重显著增长，可以预见的是，再过几年广东省私营企业的出口将与外资企业齐头并进。

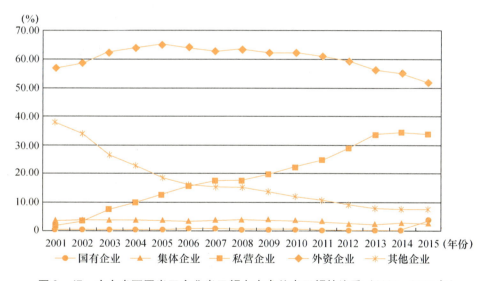

图2-47 广东省不同出口企业出口额占本省总出口额的比重（2001~2015年）

（2）广东省外资企业、国有企业、私营企业出口金额均占全国同类企业出口总值比重的首位。其中，外资企业占有最大优势，而私营企业和国有企业也占有一定优势。2015年，广东省这三类企业出口金额占全国同类企业出口总值比重分别为：外资企业33.14%、私营企业21.19%、国有企业20.47%。广东省外资企业占全国同类企业比重最大，其他各企业也都处于全国首位。由此可见，广东省不仅在各企业出口总额上遥遥领先，而且各企业出口的分布比重也更为均衡。

四、对外贸易的省内区域结构

1. 珠三角、粤东、粤西、粤北四地区比较

（1）珠三角地区在广东省进出口市场中占有压倒性的主导地位，对外贸易在广东省内的区域发展极为不平衡。

表 2 – 10　　　　　　　　　2015 年广东省进出口地区结构

市（地区）	出口		进口	
	金额（亿美元）	占全省比重（%）	金额（亿美元）	占全省比重（%）
广州	811.7	12.61	526.92	13.89
深圳	2640.4	41.03	1784.15	47.03
珠海	288.11	4.48	188.26	4.96
汕头	67.55	1.05	25.29	0.67
佛山	482.05	7.49	175.07	4.62
#顺德	206.9	3.22	50.8	1.34
韶关	14.25	0.22	9.65	0.25
河源	28.33	0.44	11.98	0.32
梅州	22.72	0.35	1.82	0.05
惠州	347.75	5.40	195.81	5.16
汕尾	15.78	0.25	16.24	0.43
东莞	1036.1	16.10	639.33	16.85
中山	280.07	4.35	75.94	2.00
江门	153.72	2.39	44.59	1.18
阳江	24.04	0.37	4.51	0.12
湛江	28.07	0.44	23.39	0.62
茂名	10.99	0.17	5.36	0.14
肇庆	47.66	0.74	34.42	0.91
清远	27.09	0.42	17.87	0.47
潮州	27.64	0.43	3.77	0.10
揭阳	67.04	1.04	3.4	0.09
云浮	13.62	0.21	5.5	0.14
珠三角	6087.57	94.61	3664.49	96.60
东翼	178.02	2.77	48.7	1.28
西翼	63.1	0.98	33.26	0.88
山区	106	1.65	46.83	1.23

2015 年，广东省出口总额为 6434.68 亿美元，进口总额为 3793.28 亿美元，其中，珠三角地区出口额高达 6087.57 亿美元，占全省出口比重为 94.61%，进口额高达 3664.49 亿美元，占全省进口比重为 96.6%。可见珠三角地区占据了广东省进出口贸易的绝大部分份额。而粤东、粤西、粤北地区出口额分别只占全省的 2.77%、0.98%、1.65%，进口额只占全省的 1.28%、0.88%、1.23%。也就是说，广东省除珠三角以外的其他区域对外贸易都十分落后，省内对外贸易的区域差距非常大。

而对外贸易情况也正是经济整体情况的一个缩影。广东省是全国改革开放的排头兵，但省内发达地区与其他地区之间的差距比全国还大，既有位于全国最发达城市序列的广州市和深圳市、位于全国经济最发达区域序列的珠江三角洲，同时又有位于全国最贫困县序列的东西两翼及山区县。广东省的经济不平衡发展造成了最富的地方在广东省，最穷的地方也在广东省的局面，贫富差距十分明显。这也是广东省提出要加快转型升级的原因。

近年来，珠三角经济实力进一步增强，呈现工业化、城市化、信息化和国际化互动共进的良好格局，经济总量继续保持快速增长态势，经济结构调整取得较大进展，产业进一步优化升级，经济效益进一步提高，区内人民的生活水平和质量有了较大提高。与此同时，粤东、粤西、粤北与珠三角的差距也在进一步拉大。东西两翼与珠三角的人均地区生产总值扩大了 4 倍，山区县与珠三角的差距也保持在 5 倍，劳动力与产业由珠三角向粤东、粤西、粤北的转移迫在眉睫。

（2）广东省各区域出口总额与进口总额分别占外贸总值的比重不尽相同。2015 年珠三角地区的出口总额是进口总额的 1.66 倍，粤北地区出口总额则是进口总额的 3.66 倍，粤西地区出口总额是进口总额的 1.9 倍，而粤东地区这一比例为 2.26 倍。

2. 珠三角内部比较

珠江三角洲经济最重要的特点是外向型。珠江三角洲地区的国民生产总值约一半是通过国际贸易来实现的，外贸出口总额占全国的 10% 以上。不少企业的绝大部分产品供应国际市场。珠江三角洲地区发展外向型经济的基本途径是从境外引进资金、先进的技术、设备和管理。同时该地区有邻近港澳、面向东南亚的位置优势，有侨乡的优势，有多优良海港的优势和劳动力丰富等优势，再加上国家为这里制定的优惠政策，使这里成为吸引外商投资和外企落户的风水宝地。

2015 年，深圳市出口总额为 2640.4 亿美元，占全省的 41.03%，进口总额为 1784.15 亿美元，占全省的 47.03%，几乎占据珠三角进出口市场的半壁江山。而东莞市、广州市、佛山市、珠海市、中山市、惠州市、江门市、肇庆市出口总值之和为 3447.16 亿美元，占全省的 53.57%，进口总值之和为 1880.34 亿美元，占全省总值的 49.57%。可以说，在珠三角地区，深圳市与其他各地区平分秋色。

【小结】

广东省出口市场规模居全国首位，出口结构更加多样化。2015 年广东省出口产品以服装鞋类、纺织品、家具等劳动密集型产品以及自动数据处理器、液晶板等电子产品为主，出口机电产品与高新技术产品的比重较小，对贱金属制品、化工业产品、汽车等的出口相对不足。就同类产品占全国同一市场的比重而言，广东省以出口劳动密集型产品与电子产品为主。广东省出口市场主要集中在亚洲、北美洲与欧洲，2015年广东省前五个出口贸易伙伴分别是中国香港地区、美国、日本、韩国和英国。同时，广东省是中国香港地区在大陆最为重要的贸易伙伴，与欧盟、美国、日韩，东盟、俄罗斯也是很重要的贸易伙伴。广东省贸易出口方式以加工贸易为主，一般贸易也与之旗鼓相当，其他贸易方式较少；加工贸易、一般贸易、其他贸易均占全国同类出口方式的首位。从出口主体结构来看，外资企业出口在广东省出口总值中具有最重要地位，反映了广东省经济是典型的外资经济。广东省外资企业、国有企业、私营企业出口金额均占全国同类企业出口总值比重的首位。从区域来看，广东省对外贸易在广东省内的区域发展极为不平衡，珠三角地区在广东省进出口市场中占据压倒性的主导地位。

第五节　能源、环境问题分析

广东省既是能源消费大省，又是资源短缺大省，能源生产远远不能满足能源消费，能源自给率低。随着经济发展，能源需求快速增长，主要依靠从省外调进或者进口解决，对外依存度高，能源供应的安全稳定性受到严重威胁。此外，由于广东省的工业用水污染较为严重，污染排放量偏大，对生态环境保护造成了严重影响，能源结构需要进一步调整和优化。

一、能源资源开发及其现状

1. 广东省能源资源匮乏

广东省煤炭、石油、水能以及油页岩等一次能源资源的可开采储量约25.7亿吨标准煤，人均资源占有量仅33吨标准煤，不到全国人均储量的1/20。

从传统能源来看，广东省煤炭、石油、天然气、油页岩人均资源占有量低，水电资源的开发率已达74%，未来开发潜力较低。从新能源来看，广东省的海洋能、地热能储量丰富，风能、太阳能、生物质能储量充足，开发前景好。但是由于技术不成熟、经济性差、发电成本高的原因，新能源所占比重较低，广东省主要依赖传统能源，能源资源较为匮乏。未来应加大对新能源的研发和推广应用力度，改善能源资源紧张的现状。

2. 能源生产增长不能满足经济发展的需求，能源压力大

纵向来看，1990～2014年，广东省能源生产增长率不稳定，增长率最高的是年份是1997年，达到43.3%，之后几年连续下滑，2005年回升到20%左右。在1999～2002年、2006～2008年几年间，广东省能源生产出现了负增长的现象，依赖外省能源调入，这与该段时期经济发展迅速，自身能源资源匮乏，能源生产能力赶不上经济发

展的速度有关。2009 年，广东省能源生产增长率为 12.5%，之后波动下滑，2010 年和 2012 年广东省能源生产几乎没有明显增长。2013～2015 年能源生产增长迅速，增长率分别为 5.43%、4.27% 和 22.66%。

广东省的电力生产历年增长率均在 20% 以下。2010 年广东省的电力生产增长率达到历史最高值 20.1%，但之后两年的增长率均连续大幅度下降，2013 年和 2014 年增长率分别为 12.11% 和 7.16%，2015 年增长率达到历史新高 23.17%。结合广东省多年 GDP 第一大省的地位，以及经济总量大、经济增长迅速、人口总数多、以加工贸易为主、工业发达、能源需求量巨大的特点，广东省的能源压力大。

【小结】

总的来看，广东省能源资源匮乏，人均资源占有量远低于全国平均水平。能源生产的增长速度赶不上经济发展的速度，能源消费依赖外省调入。广东省主要依赖水电等传统能源，能源压力大。新能源储量丰富，开发前景好，但目前技术水平较低，新能源的比重不高。未来应加强新能源的研发和推广力度，改善广东省能源紧张的局面。

二、能源供需平衡状况

1. 能源供应自给率低，对外依存度高

广东能源生产总量从 1990 年的 1006.24 万吨标准煤提高到了 2015 年的 6862.51 万吨标准煤的峰值水平，年平均增长率达到了 7.98%，总体发展速度还是很快的。但是，随着原煤产出的逐渐减少，到 2006 年，广东省完全退出原煤生产，从而使能源生产总量在随后几年下降，直到 2010 年后才又重拾上升的态势。尽管如此，由于广东省经济的快速增长，广东省的能源供应还是赶不上需求。

2015 年，广东省继续加强同省外的联系和合作，扩大能源调进，能源调进总量为 20771.89 万吨标准煤，比 2014 年增加了 7.19%。从国外进口 6739.99 万吨标准煤，比上年下降了 32.62%。广东省的能源调进以外省调入为主，2015 年外省能源调入量占能源调进总量的 75.5%，从国外进口的能源占能源调进总量的 24.5%。从能源品种来看，从省外调进的能源以原煤、电力、原油和燃料油为主，其中，原煤主要从北方几个产煤省调入，电力以引进西部电为主。从国外进口的能源主要是原油和燃料油。

2. 能源消费缺口大

自 1999 年起，广东省能源生产和消费就出现较大的缺口，且该缺口呈逐年扩大的趋势，处于供不应求的紧张状态。2000 年，广东省能源消费量为 9080.2 万吨标准煤，生产量为 3711.69 万吨标准煤，消费量是生产量的 2 倍多。此后消费量逐年大幅增加，年平均增长率为 8.14%；生产量也有所增加，但 2000 年以来年平均增长率仅为 4.18%，且 2004 年以后生产量有放缓和下降的趋势，能源消费的增长率远远大于生产的增长率。到 2015 年，广东省能源消费量达到 29386.66 万吨标准煤，生产量为 6862.51 万吨标准煤，消费量约是生产量的 4.28 倍。由此可见，广东省的能源消费缺口扩大。

3. 主要能源依赖外部调入，供需不平衡

在主要的传统能源方面，广东省的天然气生产较为充足，基本可以满足本省供需平衡；广东省的天然气产量除了满足本省需求之外，还有一定的调出量。电力是广东省的主要消费能源，约占广东省能源消费总量的50%，而广东省的电力自给率不足50%。2015年，广东省的电力生产量占电力消费量的21.7%，剩余部分则依赖外省调入。此外，2015年广东省油品生产量为2250.9万吨标准煤，而油品消费量为4936.96万吨标准煤，生产量仅占消费量的45.59%，其余部分主要依靠外省调入和进口。广东省的原煤消费存在严重的供需不平衡，广东省的煤炭资源较为匮乏，多年以来原煤的生产量几乎为零，超过一半的原煤来自外省调入，其余部分为进口。

总体上看，广东省存在较为明显的能源供需不平衡状况，除天然气外，电力、原煤、油品等主要传统能源的生产都不能满足本省需求，对外省能源调入和进口的依赖程度高，能源安全性较差。伴随着广东省经济的快速增长，能源的需求量将持续扩大，如果继续依靠上述传统能源，供需不平衡的局面将更加严重。因此，加快推进新能源的开发和利用，逐步降低对传统一次性能源的依赖程度是当务之急。

【小结】

2010年以后，广东省的能源生产总量呈下降趋势，能源供给自给率低，原煤、电力、原油和燃料油等主要能源依靠外省调入和进口，能源的安全性差。广东省能源生产和消费一直存在较大的缺口，且近十年来该缺口逐年扩大，能源处于供不应求的紧张状态。未来，伴随着广东省经济的发展，能源需求将继续增大，而能源生产乏力。因此，要提高传统能源的使用效率，加快新能源的开发和利用，逐步较低对传统一次性能源的依赖程度，改善能源供需不平衡的局面。

三、能源消费构成及特点

广东省是全国第一经济大省，而伴随着经济的发展是巨大的能源消耗，自2000年以来平均每年的能源消耗量占全国能源消耗总量的6.68%。然而，广东省常规能源十分匮乏，过于依赖进口和省外资源引入的滞后供应模式，将直接制约广东省经济可持续发展，导致能源供应中出现短缺、脱销等问题。以下从广东省能源消费总量、增长率和各项能源消费所占比重方面，分析广东能源消费构成及特点。

1. 能源消费总量及变化趋势

广东省的能源消费总量在1999年之后呈现连续飞速增长的趋势，到2015年，广东省的终端能源消费量已经达到29386.66万吨标准煤，能源消费总量巨大。并且伴随着近年来广东省8%左右的GDP增长率，未来能源消费总量将继续以较快速度增加。而广东省的能源生产量在经历过一个较快增长时期后趋于平缓，2011年以后广东省年平均能源生产量维持在5000万吨标准煤以上，并没有跟上能源消费量快速增长的节奏，能源消费与生产的缺口日趋扩大。

从增长率来看，虽然近几年广东省能源消费增长率呈波动下降趋势，但由于能源

消费总量巨大，每年增长的绝对值依然较大。1997年之后，广东省的能源消费飞速增长，增长率在2005年到达峰值，由2.7%跳跃至19.11%。2005年之后，能源消费的增长速度放缓，增长率也呈现波动下降的趋势，2015年广东省能源消费增长率又回复到2.5%。

电力是广东省主要的能源消费对象。2001~2007年，广东省的电力消费增长较快，年均增长率为14.84%；2007年以后，电力消费增长的速度波动下降，2015年增长率几乎为零。这与近几年广东省电力使用的效率提高有关，如图2-48所示。

图2-48 广东省终端能源消费和电力消费增长率（2001~2015年）

2. 能源生产主要以原油和电力为主，能源压力大

从能源生产总量的构成来看，1990年以后，广东省的能源生产结构发生了较大变化。1990年，广东省能源生产六成以上是原煤，三成为电力，原油生产仅为7%。而天然气生产还没有起步。之后广东省的原煤生产量快速下降，2000年原煤生产量占一次能源生产量的比重仅为8%，2005年之后广东省逐渐停止了原煤生产。而原油的比重则经历了一个先上升后下降的趋势，电力和天然气的比重一直以较快的速度增长，电力成为广东省能源生产中最主要的部分，天然气经历了一个从无到有的飞速发展过程，2010年以后天然气比重维持在20%以上。2015年广东省的原油、电力和天然气的生产量占一次能源生产总量的比重分别为32.8%、48.5%和18.7%，原油和电力两者合计比重高达81.3%，是能源生产的主要品种。新的可再生能源的构成十分低，而传统能源工业的进一步发展开始面临成本增高、运输和环境污染压力等问题。而且随着作为广东省支柱产业的汽车产业的高速发展、粤港澳经济合作步伐的加快，为了使省内经济持续平稳发展，作为世界制造业基地的广东省需要充足的能源作为经济腾飞的后盾，因此，对能源的需求将会有增无减，广东省的能源压力将会更大。

3. 能源消费结构变化大，以电力为主

广东省能源消费的种类主要是电力、油品和煤炭。改革开放初期，广东省能源消费主要是以煤炭、薪柴等不可再生能源为主，煤炭是第一大消费能源，电力消费也占了一定的比重。近些年来，新能源（风电、太阳能、天然气）在能源总体消费中所占比重明显提高。

1985 年以来，广东省的能源消费结构发生了巨大的变化。1985 年主要能源消费量所占比重最大的是煤炭，其次是电力、油品，三者的比重约为 4∶3∶2。之后煤炭消费的比重一路下滑，由 1985 年的 40% 下降到 2011 年的 12%，下降了 28 个百分点。电力消费的比重在 1985 年为 29.1%，之后大幅度上升，并在 1990 年超过煤炭，成为广东省最主要的消费能源。到 2015 年，电力的消费比重达 52.2%，较 1985 年上升了 23.1 个百分点，电力消费占到了全省能源消费的一半。油品消费占全省主要能源消费的比重没有发生较大的变化，近几年一直维持在一个相对稳定的水平，每年均在 16%~20% 波动，目前居于煤炭之上，是广东省第二大的消费能源。

广东省作为全国经济第一大省，能源消耗总量大，但近十年来能源消费的增长速度在下降。目前广东省的能源消费结构以电力为主，其次是油品和煤炭。能源生产结构以原油和电力为主，新的可再生能源的构成十分低，传统能源工业面临成本增高、运输和环境污染的巨大压力。

【小结】

虽然近几年广东省能源消费增长率呈波动下降趋势，但由于能源消费总量巨大，每年增长的绝对值依然较大。电力是广东省主要的能源消费对象，近几年电力消费增长的速度波动下降，2015 年增长率几乎为零，这与近几年广东省电力使用的效率提高有关。从能源生产总量的构成来看，广东省的能源生产结构较为合理，以电力和原油生产为主，新的可再生能源的构成十分低，而传统能源工业的进一步发展开始面临成本增高、运输和环境污染压力等问题。广东省能源消费的种类主要是电力、油品和煤炭，近些年来，新能源在能源总体消费中所占比重明显提高。

四、能源使用效率

广东省是全国第一经济大省，而伴随着经济的发展是巨大的能源消耗，然而，广东省常规能源十分匮乏，过于依赖进口和省外资源引入的滞后供应模式，将导致能源供应中出现短缺、脱销等问题。因此，能源使用效率至关重要，直接关系到广东省经济的可持续发展。以下内容主要从工业用能效率方面，分析广东省能源使用的效率和发展趋势。

1. 工业用能效率不断提高

广东省的工业用能效率一直在全国前列，并且呈逐渐提高的趋势。这体现在单位地区生产总值能耗和单位工业增加值能耗两个指标上。自 2005 年以来，广东省的单位地区生产总值能耗（等价值）一直在国内先进省市中是最少的，并且该能耗呈持续下降的趋势。2005 年，广东省的单位地区生产总值能耗（等价值）为 0.79 吨标准煤/万元，到 2015 年，这个数字下降到 0.41 吨标准煤/万元。

2. 单位工业增加值能耗较小

广东省的单位工业增加值能耗在全国范围内也一直是较小的，且该能耗在继续下降之中。2005 年，广东省的单位工业增加值能耗（规模以上相当量）为 1.08 吨标准煤/万元，到 2014 年，广东省的单位工业增加值能耗下降到 0.63 吨标准煤/万元。

【小结】

广东省的能源使用效率在全国范围内具有明显优势，并且呈现逐年提高的趋势，这与广东省以水电为主的能源消费结构有关。但是广东省的能源压力依然很大，未来应继续发挥在工业用能效率发面的优势，进一步提高能源使用效率，减轻能源和环境的压力。

五、能源生产消费与经济发展

改革开放以来，广东省经济发展迅速，与此同时，能源消费量也逐年上升，与经济发展阶段相吻合，能源消费与经济发展的关系大致可以分为以下几个阶段：

第一阶段为 1978～1990 年，这一阶段能源发展相对滞后，由于该阶段处于改革开放初期，经济发展速度较快，能源供应速度跟不上经济发展的速度，经济增长主要靠投入较多的劳动力来带动，1990 年能源消费弹性系数为 0.66，电力消费弹性系数为 1.24。第二阶段为 1990～2000 年，这一阶段为能源优化调整阶段，该阶段经济实现跨越式发展，工业发展飞速，广东省大量引进先进的生产工艺和设备，能源利用效率不断提高，2000 年能源消费弹性系数上升为 0.71，电力消费弹性系数为 1.99。第三阶段为 2000 年以后，该阶段广东省经济呈直线上升趋势，能源需求也快速增长，但由于新能源的出现和科学技术的进步，能源的利用效率大大提高，2015 年的能源消费弹性系数为 0.24，电力消费弹性系数为 0.18。

广东省能源一直处于供不应求的紧张状态，而且近十几年来，能源供求矛盾呈扩大的趋势。2014 年全省的一次性能源生产总量为 6862.51 万吨标准煤，仅占全国一次性能源生产总量 362000 万吨标准煤的 1.90%。此外，能源的生产已经远远不能满足能源消费的需求，能源生产出现巨大的缺口，再加之能源消费与经济增长的外部矛盾，广东省能源的发展前景不容乐观。

【小结】

能源消费和经济发展呈正相关的关系。广东省经济高速增长时，能源消费也有大幅度的提高，二者相互促进，总体上呈螺旋上升的趋势。改革开放以来，广东省经济快速发展，能源消费量也在逐年上升，与经济发展阶段相吻合。能源的生产和消费对经济的发展具有重大的意义，确保能源生产和消费的安全是经济长期发展的后盾。

六、生态环境

1. 工业用水污染严重，废水排放总量大

广东省的工业发达，水资源丰富，充足的淡水资源为大量工厂提供便利的同时，也产生了数量巨大的工业废水，废水中主要污染物的排放量明显高于全国平均水平，广东省的水污染严重。

广东省的废水排放总量大且呈逐年增加的趋势。2004 年，广东省的废水排放总量为 54.17 亿吨，2015 年增加到 91.15 亿吨，增长了 68%，废水排放的年平均增长速度高于全国平均水平。在废水排放中，城镇生活污水是主要来源，且在废水排放中的比重逐年增加；工业废水不但绝对值呈减少的态势，在废水排放中的比重也逐年减少。2015 年城镇生活污水占广东省废水排放的 82.21%，工业废水占 17.72%（见图 2 -49）。

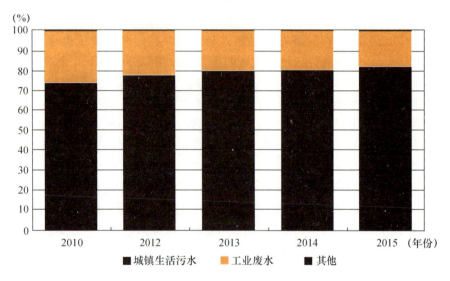

图 2 -49　广东省废水排放的来源分布（2010 ~ 2015 年）

在广东省的废水中主要污染物排放也明显过高。2010 年以前，广东省每年废水中的化学需氧量（COD）排放量在全国省市中排在前列，但都低于 110 万吨/年。2012 年，广东省的化学需氧量排放量大幅度增加到 180.29 万吨，之后虽然有小幅度的回落，但 2015 年仍然达到了 160.69 万吨。

广东省废水中氮氧排放量在全国范围内也较为严重。2011 年，广东省废水中的氮氧排放量迅猛增加，由 2010 年的 10.7 万吨上升到 2011 年的 23.1 万吨，增幅超过 100%。之后虽出现小幅度的下降，但广东省废水中的氮氧排放量仍然居高不下，2015 年该值为 20 万吨。

对比以上三个指标可以发现，广东省的废水排放总量大，废水中主要污染物浓度高，工业用水污染严重，且近几年来有快速加剧的趋势。广东省应该改进工业生产的

流程和技术，加快产业结构升级，控制住废水排放的总量不过快增长；同时加强废水处理的监管和执行力度，降低废水中主要污染物的排放量，实现达标排放。

2. 广东省废气污染程度较轻

广东省的空气污染程度没有工业用水污染严重，相比多数其他东部发达省市，广东省的空气污染情况较好，且有逐年改善的态势。虽然广东省的工业废气排放总量由2010年的24092亿立方米增加到2015年的30923亿立方米，但对空气造成污染的三个主要污染物，即二氧化硫、烟（粉）尘和氮氧化物的排放量，近几年却在减少。

2004～2015年，广东省废气中二氧化硫排放量总体上呈逐年缓慢减少的趋势。2005年广东省二氧化硫的排放量为历年最高，达到129.4万吨，到了2015年，仅为67.8万吨，下降了47.6%。广东省二氧化硫排放量的降低与原煤消费的比重下降有关。广东省废气中烟（粉）尘的排放量较低，空气质量较高。2012年，广东省废气中烟（粉）尘排放量为32.8万吨，2013年该值为35.4万吨，2014年和2015年分别为45万吨和34.8万吨。广东省的废气中氮氧化物的排放量较高，但呈下降的趋势，从2012年的130.3万吨明显下降到2015年的99.7万吨。

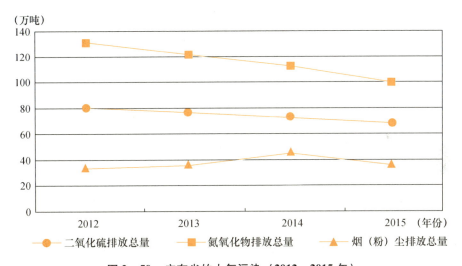

图2-50 广东省的大气污染（2012～2015年）

广东省的空气污染程度较轻，这与广东省近年来能源消费结构的改善有关。广东省一次性能源消费中电力的比重越来越大，成为最主要的消费能源，其次为原油，天然气也逐渐占到了一定的比重，而原煤的消费比重极小。相比于原煤，水电和天然气是较为清洁的能源。这也是广东省废气中二氧化硫和烟（粉）尘的排放量较低，而氮氧化物的排放量较高的原因。

【小结】

总体来看，广东省的工业用水污染较为严重，废水排放量大，并且呈现逐年增多的趋势。且近三四年来广东省的废水排放量增加尤其快。广东省工业发达，水资源较为丰富，为实现经济的可持续发展，治理工业用水污染、控制污水排放量和污水达标排放是当务之急。相比之下，广东省的废气污染程度较低，空气质量较好。

第六节　区域经济协调分析

从区域一体化程度来看，珠三角一体化程度不断提高，构建了更为紧密的粤港澳经济联系，但是"最富在广东，最穷也在广东"的局面依旧没有得到根本性的改变。

广东省划分为四个经济区域，分别为珠三角、东翼、西翼和山区。其中珠三角地区包括广州市、深圳市、珠海市、东莞市、中山市、佛山市、江门市、惠州市和肇庆市九市；东翼包括汕头市、潮州市、揭阳市、汕尾市四市；西翼包括湛江市、茂名市、阳江市三市；山区包括韶关市、梅州市、清远市、河源市、云浮市五市。经济一体化极大地促进了地区经济增长。2009 年年初国务院正式发布了《珠江三角洲地区改革发展规划纲要（2008～2020)》（以下简称《纲要》），指出"优化珠江三角洲地区空间布局，以广州市、深圳市为中心，以珠江口东岸、西岸为重点，推进珠江三角洲地区区域经济一体化，带动环珠江三角洲地区加快发展，形成资源要素优化配置、地区优势充分发挥的协调发展新格局"和"进一步发挥'窗口'作用，推进与港澳更紧密合作"。2012 年《国民经济和社会发展第十二个五年规划纲要》指出"进一步深化粤港澳合作，落实粤港合作框架协议，促进区域经济共同发展，打造更具综合竞争力的世界级城市群"，把珠江三角洲地区一体化、广东省区域经济协调发展和粤港澳经济合作发展提升到国家战略层面。根据新经济地理学的理论，区域一体化不仅带来了商品的跨地区流动，而且也使地区间资本与劳动力的流动、知识扩散等比以往任何时候都更加容易。本书从广东省区域内经济协调发展绩效、珠三角经济一体化和粤港澳经济合作三方面研究广东省区域一体化的现状、问题和发展趋势。

一、区域经济差距

粤东、粤西、粤北经济发展上与珠三角存在巨大的落差，城乡差距较大，区域发展水平呈"哑铃形"趋势。

改革开放以来，广东省的各个区域都在发展，但由于区位条件和其他客观因素的制约，其各区域的经济发展差距进一步扩大了。广东省经济的发展，与其高度的外向联系有关，而多年来广东省的外向经济联系基本上发生在珠三角地区，非珠三角地区外向经济联系非常有限，加上珠三角地区的经济辐射能力并不强劲，导致了非珠三角地区发展相对缓慢。

1. 各区域经济占全省比例极不平衡，区域内不平衡现象非常严重

首先，从经济总量来看，珠三角占全省的约 3/4，其他三个区域总和约占 1/4。2002 年珠三角、东翼、西翼和山区分别占全省 GDP 的 77.5%、8.1%、8.2%和 6.2%，除珠三角外的其他三个区域所占比例不到 1/4；2015 年，区域经济差距进一步扩大，

珠三角地区以30%的土地面积和53%的常住人口，创造了全省GDP的79.14%，而其他三个区域占全省GDP的比例总和不到22%（见图2-51）。

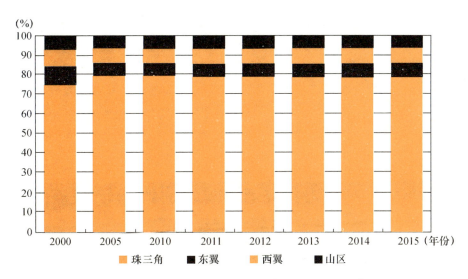

图2-51　广东省GDP的区域分布（2000～2015年）

其次，固定资产投资历来被认为是拉动当前经济增长和长远经济发展的关键要素，尽管广东省四大区域的固定资产投资仍然存在差距，但差距相对小于产出上的差距，且呈下降的态势。2000年珠三角九市固定资产投资占全省的78.89%，东翼、西翼和山区分别占全省固定资产投资的8.27%、5.86%和6.98%。2015年，珠三角九市固定资产投资占全省的比重降至66.76%，其他区域均有不错的表现，特别是东翼区域所占比重达到了12.03%（见图2-52）。

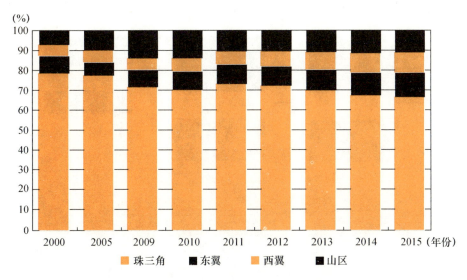

图2-52　广东省固定资产投资的区域分布（2000～2015年）

　　再次，从对外开放程度和实际外商投资来看，珠江三角洲与东西两翼、粤北山区的差距更加明显。由于过去 30 多年的外商投资活动和进出口贸易活动主要集中在第二产业上，而珠三角地区的工业化程度明显高于其他地区，因此全省的外商投资活动和进出口贸易活动高度集中在珠三角地区，并且不平衡的程度远高于经济产出总量的不平衡程度。2015 年，珠三角九市的地区生产总值占全省的 79.14%，但其开放程度远甚于此。2015 年，珠三角九市的出口额占全省的比重高达 94.61%，而实际外商直接投资也高达 95.34%。这种外向程度上的差距，一方面强化了珠三角地区的对外联系程度，另一方面也弱化了珠三角和非珠三角地区之间的经济联动。因此，广东省外向型经济地区分布的合理性还有待提高（见图 2 - 53、图 2 - 54）。

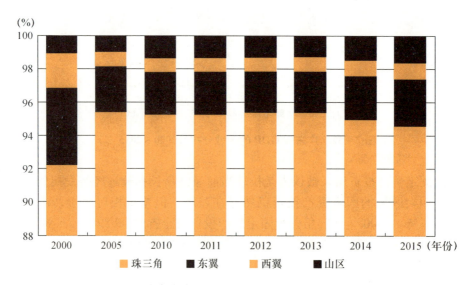

图 2 - 53　广东省出口贸易的区域分布（2000～2015 年）

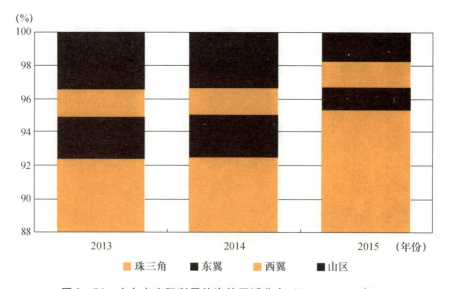

图 2 - 54　广东省实际利用外资的区域分布（2013～2015 年）

最后，就地方财政一般预算收入而言，珠三角地区基本上保持在85%以上的份额，其他三个区域所占的份额不到15%。东翼、西翼和山区区域较少的预算收入严重制约了当地的经济建设，如图2-55所示。

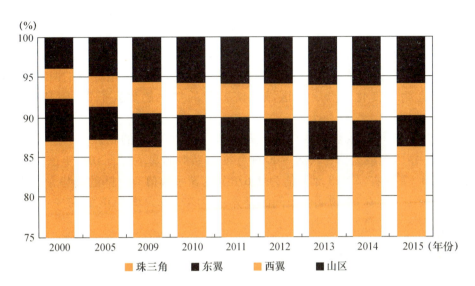

图2-55　广东省地方一般财政预算收入的区域分布（2000~2015年）

2. 广东地区间经济分化日益明显，单一化的空间发展战略极为显著

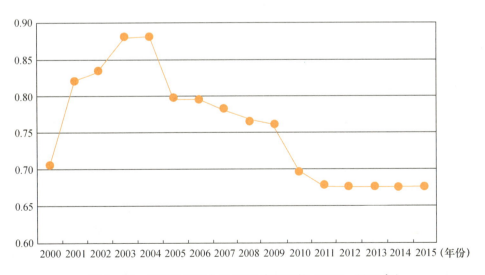

图2-56　广东省各市人均GDP变异系数（2000~2015年）

广东省东西两翼和山区区域与珠三角区域的人均GDP差距极大，2015年人均GDP珠三角为107011元，东翼为31426元，西翼为38461元，山区为29583元。将广东省人均GDP的发展趋势纳入考虑范围，我们从广东省各市间的人均GDP变异系

数考察广东省地区发展差距。下面采用变异系数来检验广东省经济趋同程度，即以对不同城市间经济差距的度量来验证广东省一体化是带来趋异还是趋同。变异系数表达式：

$$CV_w = \frac{1}{\bar{y}} \sqrt{\sum_{i=1}^{n} (y_i - \bar{y})^2}$$

其中，CV_w 为变异系数，y_i 为 i 地区的人均 GDP，$\bar{y}$ 为各地区人均 GDP，n 为地区个数。CV_w 指标值越大，表明区域间的经济差距越大。该指标值的时间序列描述了区域经济差距的变化趋势，从区域经济差距的变化趋势我们即可判断趋同的存在性。

2000～2004 年变异系数呈现快速上升趋势，从 2000 年的 0.706 迅速上升到 2004 年的 0.882，并达到最大值；2004～2009 年变异系数明显下降，2010 年该值为 0.696；之后保持在 0.67 左右，2015 年该值为 0.676。变异系数值有下降的趋势，说明广东省区域差距在减小，但 0.67 说明各市间的差异占了广东省人均 GDP 的 67%，数值之大，仍凸显广东省区域经济发展差距大的问题。

3. 二元经济结构困境虽有所改善，城乡收入差距依然显著

广东省城镇居民人均可支配收入 2001 年突破 10000 元大关，2015 年则达到 34757 元；1990 年，广东省农村居民人均纯收入首次突破 1000 元，2015 年达到 13360 元。但是广东省城乡居民收入差距在不断加大。2002 年为 2.84∶1，2003 年突破 3∶1，并在 2006 年达到改革开放以来的最高峰 3.15∶1，之后虽有下降，但在 2015 年仍然位于 2.60∶1 的高水平，说明广东省二元经济结构困境虽有所改善，但城乡收入差距依然显著。

【小结】

广东省的区域经济存在极大的不均衡。粤东、粤西、粤北，在经济发展上与珠三角存在巨大的落差，具体表现在经济总量、人均 GDP、固定资产投资、对外开放程度、外商投资、地方财政一般预算收入等方面。人均 GDP 的区域不均衡和城乡收入差距虽然有减少的趋势，但不均衡程度还依然显著。

二、粤港澳经济合作

改革开放 30 多年来，香港地区一直是中国内地最重要的贸易伙伴、最大的境外投资来源地和对外投资目的地。2003 年 6 月 29 日，中央政府与香港地区正式签署《内地与香港关于建立更紧密经贸关系的安排》（以下简称为 CEPA），意味着两地的合作进入了一个新阶段。

1. 港澳是改革开放广东省奇迹的最大影响因素，两地间的经济合作模式由"港澳带动"演变为"融合发展"

首先，基于地缘优势，广东省成为港澳台和华侨直接投资内地的首选，加上政策的先行一步和投资环境、基础设施的改善，广东省的先发优势日益明显，

2000年，广东省实际利用外商直接投资122.4亿美元，其中港资74.5亿美元，澳资2.6亿美元。2015年广东省实际利用外商直接投资268.8亿美元，其中港资204.8亿美元，澳资7.4亿美元，二者占广东省全年实际利用外资的79%，且有增长的趋势（见图2-57）。在外商直接投资多元化的今天，港澳对于广东省的地位举足轻重。

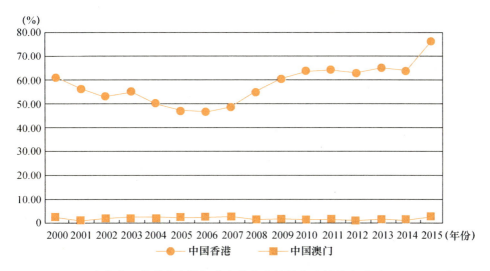

图2-57　广东省吸收港澳直接投资占外商直接投资总额的比重（2000～2015年）

其次，广东省在对外开放初期，以优惠政策和廉价的土地和劳动力，积极承接港澳制造业的转移，大力发展"三来一补"企业，粤港澳三地逐步形成了"前店后厂"的经济关系。促进了港澳和发达国家或地区的劳动密集型产业向广东省的转移，加工贸易成为最主要的贸易方式，香港地区一直以来都是广东省的最大贸易伙伴。2015年广东省对香港地区出口贸易额为2051.55亿美元，贸易总额为2097.8亿美元，分别是2002年的4.84倍和4.41倍，占广东省贸易总额的比重分别为31.88%和20.51%，比2001年略微下降了3.42个百分点和1.0个百分点（见图2-58）。同年广东省从香港地区进口贸易额为46.24亿美元，占广东省总进口的1.22%，该比重比2001年下降了5.06个百分点（见图2-59）。2015年广东省对澳门出口贸易额为21.63亿美元，贸易总额为23.24亿美元，分别是2002年的2.92倍和2.65倍，占广东省贸易总额的比重分别为0.34%和0.23%，比2002年略微下降了0.29个百分点和0.17个百分点。香港地区是自由贸易港和世界转口贸易中心，使FDI的投资具有贸易互补效应，刺激广东省出口贸易的发展。

随着广东省经济实力的增强，此前粤港澳关系主要是香港地区"带动"广东省，那么现在粤港关系则逐步调整为"互动"关系，并由"互动"关系逐步演变为"融合"关系和"一体化"的关系。

图 2－58　广东省对香港地区出口贸易额及其比重（2001～2015 年）

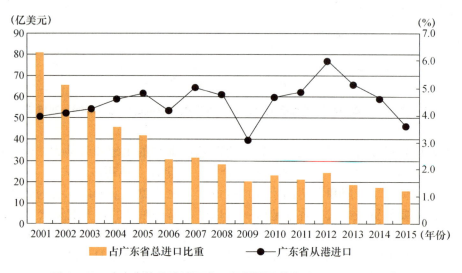

图 2－59　广东省从香港地区进口贸易额及其比重（2001～2015 年）

2. CEPA 实施后广东省对香港地区的服务贸易开放无论在承诺广度还是承诺深度上均有一定的提高；但是服务业开放进程较为缓慢，两地离服务贸易完全自由化仍有一段较大的距离

据《广东省经济监测与展望研究总报告（2015 年）》，中国内地与香港地区已在数十个服务贸易领域公布了 403 项开放措施，涵盖了会计、法律、金融、旅游、运输等服务行业。CEPA 协议实施也初见成效，根据香港特别行政区政府统计处的数据，中国内地在 2003～2015 年一直稳占香港地区最大服务贸易伙伴的位置。CEPA 实施后中国内地对香港地区服务贸易的总体开放度有较大的提升。从服务贸易提供的四种模式来分析，CEPA 实施前开放度最高的是境外消费模式，承诺总数为 88 个，覆盖率达57.52%。CEPA 实施前后开放度最低的均为自然人流动模式，CEPA 实施前承诺覆盖率

仅为 4.58%，在 CEPA 中则只有三个承诺属于境外消费模式，比例较小。内地对香港地区服务开放的承诺覆盖率仍仅为 52.94%，也就是说还有接近一半的服务部门没有做出开放的承诺，与 GATS 相比也仅仅提高了约 12 个百分点，说明内地对香港地区服务开放进度依然缓慢，仍有很大的提升空间。

同时，CEPA 实施前内地的服务贸易加权承诺覆盖率为 25.94%；签署并实施第一个 CEPA 协议后，内地对香港地区的服务开放度提升至 27.66%；此后开始逐年缓慢增长，至 CEPA 补充协议实施后，内地对香港地区的实际服务开放度已提升至 39.19%，比 CEPA 实施前提高了 13.25 个百分点。这些说明 CEPA 无论在承诺广度还是承诺深度上都有较大提高。但是离服务贸易完全自由化仍有一段较大的距离。

【小结】

改革开放以来，香港地区一直是中国内地最重要的贸易伙伴、最大的投资来源地和投资目的地。随着广东省经济实力的增强，此前粤港澳关系主要是香港"带动"广东，那么现在粤港关系则逐步调整为"互动"关系，进而逐步演变为"融合"关系和"一体化"的关系。CEPA 实施后广东省对香港地区的服务贸易开放有一定的提高，但是服务业开放进程较为缓慢，还有很大的提高空间。

第七节　政策建议

一、需求篇

广东省经济以出口为导向，外贸依存度高，受国际金融危机和外需动力不足的影响极大。为降低广东省经济发展的国际风险，继续实施扩大内需、重点开拓国内市场的战略是广东省经济转型的唯一选择。刺激内需以拉动经济增长，一方面需要调整收入分配格局，增加中低收入者收入，提高居民消费能力；另一方面可借力互联网的发展及消费者消费特征的改变，积极培育消费新业态，如文化、娱乐、体育、旅游等行业，持续释放消费潜力。

在投资需求方面，要继续优化投资结构，进一步促进先进服务业、先进制造业和高新技术产业的发展，鼓励服装、鞋帽、手工艺品制造业等劳动密集型产业进一步提高生产效率。狠抓重点项目建设，清理靠政府补贴和银行续贷维持经营的僵尸项目，着力提高投资的精准性和有效性。同时，要发挥政府投资的引导作用，使政府投资更多地投入到先行性、战略性的基础产业领域，为社会投资创造更好的环境和条件。民营投资要避免重复投资，防止产生新的产能过剩，使投资方向转到有市场需求、对未来经济发展有重大支撑作用的领域来。注重投资对经济拉动作用，增强企业自主技术创新和政府的原始创新投入。

二、产业篇

广东省现代服务业稳步发展，先进制造产业比重偏低。产业创新能力水平偏低，技术开发投入、创新人力资源和技术开发成果相对先进国家存在较大差距。广东省已经进入后工业化时期，技术密集型产业已占主导地位，劳动密集型产业位居其次，资本密集型产业则占比最低。加快产业转型升级的步伐，以发展现代产业和技术改造为重点，形成先进装备制造业产业带和传统产业共同发展的态势；同时，大力实施创新驱动发展战略、信息化战略、绿色战略推动广东省产业转型升级。

三、开放篇

广东省借力地理位置的优势和改革开放政策，开放程度一直名列内地首位，但外贸和外资增长率却在近几年因全球金融危机和产业链转移而有所下降。为继续巩固对外经济技术合作优势、开辟开放型经济新格局，广东省要深入推进粤港澳服务贸易自由化，全面推进自贸区的建设，同时借"一带一路"建设的东风建立国际经贸合作区。为了保证广东省对外贸易的持续稳定，广东省要建立外贸预警机制，严密监控外部市场的动向，力图将外部需求冲击降到最小限度；强化附加值贸易，并尽量避免对工业生产实行大规模的刺激性措施。

四、能源环境篇

广东省能源长期以来处于供不应求的状态，且近十年来该供需缺口逐年扩大。广东省应加强新能源的研发和推广力度，逐步降低对传统一次性能源的依赖程度；积极转变能源消费方式，提高传统能源的使用效率；最重要的是要调整产业结构，大力发展低能耗、低排放产业和高科技绿色产业，改善广东省能源紧张的局面。同时广东省应继续增强污水处理能力及推进减排降碳，进一步降低空气污染和水污染。

五、区域篇

广东省区域发展严重不均衡，珠三角的经济发展在多方面都遥遥领先于粤东、粤西和粤北山区。要打破这种不均衡，政府应继续发扬珠三角的优势，以创新发展促进转型升级；深入实施粤东、粤西和粤北山区的振兴发展战略，加强交通基础设施建设、产业园区建设和新型城镇化规划，加强珠三角与其他三个区域的经济联系，大力推动产业共建。同时，广东省要走低碳绿色新型城镇化发展路径，加强引导低碳基础设施建设和社会消费方式转变，努力构建低碳型的城市布局、基础设施、生活方式和消费导向。

六、改革篇

改革以提高人民生活水平为目标，这不仅体现在收入的提高，还要讲究生活环境和精神层次的提高。新的发展观应该建立在促进经济、环境、社会的全面协调发展的基础上，尤其是注重环境和自然保护，关注民生和人民健康水平。政府在制定发展规划和政策时，首先要考虑环境问题和民生问题。

要建立新的改革观，加快政府职能的转变，实现政府从建设者转型为维护者，让市场配置充分激发经济活动的效率，让政府的宏观调控在维护和完善市场规则、收入再分配等方面尽其所长。政府在制定政策时应注重短期政策与长期政策配合使用。短期政策应注重针对性、时效性和迫切性，不能将短期政策当成常态。长期政策应注重前瞻性、科学性和连续性，有助于经济的长期稳定发展。

第三章 广东省经济预测研究

第一节 研究简介

广东省经济总量大，截止到 2016 年连续 28 年位居全国第一，且成功超越"亚洲四小龙"，人均 GDP 达到中等收入国家水平。广东省产业结构复杂，对外依存度高，所以给宏观经济管理带来了一定的困难。近年来，国际性经济危机频发，广东省要继续保持经济平稳较快增长所面临的挑战不小。为了给宏观经济预测预警提供一种相对科学、相对准确的工具，来辅助宏观经济的分析与决策，本书对广东省宏观经济指标进行预测研究。

本书参考广东省经济监测与展望研究课题组（2015）的研究思路和建模依据，力求做到经济含义明确、统计上显著、预测效果较好、简单直观、极易维护。本章涉及的名义变量包括国内生产总值 GDP，第一产业增加值 GDP1，第二产业增加值 GDP2，第三产业增加值 GDP3，建筑业增加值 GDP2_C，工业增加值 GDP2_I，政府收入 GI，居民最终消费 HFC 及固定资产投资 INV。

第二节 名义变量的预测

一、GDP 预测

在本小节中我们以应用计量经济学的自回归条件异方差模型（ARCH）为主，以普通最小二乘法模型（OLS）做参照，利用 1982～2015 年年度数据对广东省的名义 GDP 总量做预测分析。在自回归条件异方差模型中需要的变量仅包括 GDP 和几个时间虚拟变量；在普通最小二乘法模型中需要的变量包括 GDP、资本形成总额（CF）、人口（POP）和相应的时间虚拟变量。分析结果如表 3 - 1、表 3 - 2 所示。

表 3 - 1　　　　　　　　　　解释 GDP：自回归条件异方差方法

被解释变量：ln（GDP）

解释变量	系数	标准差	z	Prob.
常量	0. 1065	0. 0706	1. 5075	0. 1317
ln（GDP_{t-1}）	1. 2811	0. 0841	15. 2316	0. 0000
ln（GDP_{t-2}）	− 0. 2851	0. 0836	− 3. 4088	0. 0007
DUM80S	0. 1110	0. 0299	3. 7097	0. 0002
DUM90S	0. 1101	0. 0246	4. 4766	0. 0000
DUM2000S	0. 0450	0. 0136	3. 3082	0. 0009

方差方程

常量	0. 0001	0. 0000	2. 5709	0. 0101
$RESID_{t-1}^2$	− 0. 1216	0. 0605	− 2. 0099	0. 0444
$GARCH_{t-1}$	0. 9847	0. 0971	10. 1410	0. 0000

检验统计量

R − squared	0. 9995	Mean dependent var	9. 0400
Adjusted R − squared	0. 9994	S. D. dependent var	1. 5611
S. E. of regression	0. 0390	Akaike info criterion	− 3. 6985
Sum squared resid	0. 0396	Schwarz criterion	− 3. 2863
Log likelihood	68. 1759	Hannan − Quinn criter.	− 3. 5618
Durbin − Watson stat	1. 7853		

表 3 - 2　　　　　　　　　　解释 GDP：普通最小二乘法方法

被解释变量：ln（GDP）

解释变量	系数	标准差	z	Prob.
常量	− 14. 0369	5. 0608	− 2. 7736	0. 0101
ln（GDP_{t-1}）	0. 7308	0. 1602	4. 5611	0. 0001
ln（GDP_{t-2}）	− 0. 2475	0. 1318	− 1. 8777	0. 0717
ln（CF）	0. 3421	0. 0642	5. 3265	0. 0000
ln（POP）	1. 8003	0. 6235	2. 8873	0. 0077
DUM2010s	− 0. 0510	0. 0219	− 2. 3306	0. 0278

检验统计量

R − squared	0. 9995	Mean dependent var	9. 0400
Adjusted R − squared	0. 9994	S. D. dependent var	1. 5611
S. E. of regression	0. 039	Akaike info criter.	− 3. 7578
Sum squared resid	0. 0396	Schwarz criterion	− 3. 4829
Log likelihood	68. 1759	Hannan − Quinn criter.	− 3. 6667
F − statistic	13068. 04	Durbin − Watson stat	1. 8125
Prob（F − statistic）	0. 0000		

以上回归结果均符合以下条件：误差项遵循正态分布，没有自相关，没有误差项方差性；模型没有缺失必要的变量或变量形式。根据以上分析结果，我们对样本期间 *GDP* 的值做了预测，预测结果分别如图 3 – 1、图 3 – 2 所示。

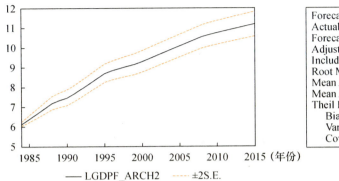

图 3 – 1　样本期间 **GDP** 预测值：自回归条件异方差方法（**1985 ~ 2015** 年）

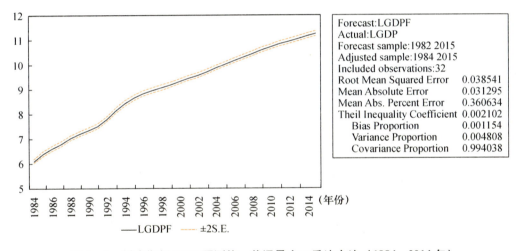

图 3 – 2　样本期间 **GDP** 预测值：普通最小二乘法方法（**1984 ~ 2014** 年）

对比样本期间两列 *GDP* 预测值与实际 *GDP* 值，我们发现自回归条件异方差方法预测的 *GDP* 值与实际 *GDP* 值的关联系数高达 0.9993，而普通最小二乘法方法预测的 *GDP* 值与实际 *GDP* 值的关联系数也高达 0.9985。这三个序列的高度吻合在图 3 – 2 中充分体现。因此，应用自回归条件异方差方法的分析结果，我们预测了 2016 ~ 2021 年广东省的 *GDP* 值，如图 3 – 3 所示。

依据图 3 – 3 中的名义 *GDP* 预测值，我们计算了相应的增长率。计算结果显示，2016 ~ 2021 年的广东省 *GDP* 增长率介于 7.62% ~ 8.34%，考虑 95% 置信区间后增长率介于 6.57% ~ 9.40%，如表 3 – 3 所示。

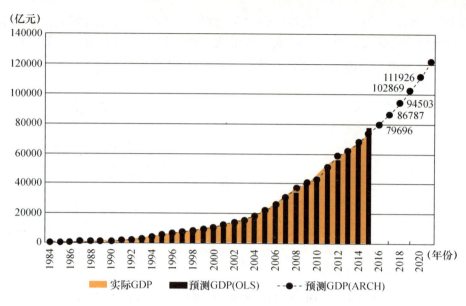

图 3 - 3　GDP 预测值（1984～2020 年）

表 3 - 3　　　　　　　　　　　　名义 GDP 增长率预测　　　　　　　　　　　　　单位：%

年份	名义 GDP 增长率预测值	95% 置信区间下限	95% 置信区间上限
2016	7.62	6.57	8.68
2017	7.92	6.87	8.98
2018	8.12	7.06	9.18
2019	8.28	7.23	9.34
2020	8.34	7.28	9.40

二、第一产业增加值预测

在名义变量的预测分析中，用计量经济学的 ARCH、OLS 和广义最小二乘法（GLS）等回归方法，对比预测值与实际值之间的差异，选择产生最小差异的回归方法。当然，预测是基于历史的数据和趋势，不包含不可预测事件的影响。

对名义第一产业增加值 GDP1 的回归分析结果如表 3 - 4 所示。

表 3 - 4　　　　　　　　　解释 GDP1：普通最小二乘法方法

被解释变量：$\ln(GDP1_t)$				
解释变量	系数	标准差	z	Prob.
C	0.292	0.054	5.466	0.000
$\ln(GDP1_{t-1})$	0.974	0.008	124.212	0.000
DUM9801	− 0.108	0.013	− 8.133	0.000
DUM09	− 0.074	0.013	− 5.909	0.000

续表

检验统计量			
R - squared	0.998	*Mean dependent*	6.492
Adjusted R - squared	0.997	*S. D. dependent*	1.143
S. E. of regression	0.058	*Akaike info*	-2.766
Sum squared resid	0.110	*Schwarz*	-2.592
Log likelihood	55.165	*Hannan - Quinn*	-2.704
F - statistic	4699.6	*Durbin - Watson*	1.826
Prob（F - statistic）	0.000	*Wald F - statistic*	9583.192
Prob（Wald F - statistic）	0.000		

注：（1）以上是 *OLS* 的回归结果。

（2）*DUM*9801 是虚拟变量，1998 年到 2001 年值为 1，其他年份值为 0。

（3）*DUM*09 是虚拟变量，2009 年值为 1，其他年份值为 0。

广东省名义第一产业增加值的预测值如图 3 - 4 所示。

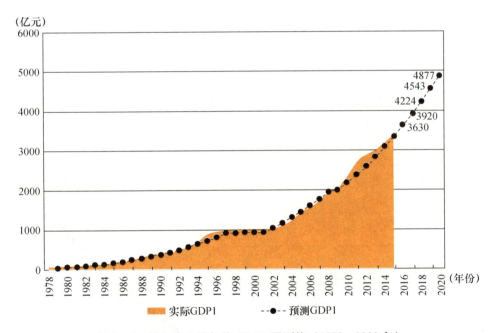

图 3 - 4　第一产业增加值 GDP1 预测值（1978 ~ 2020 年）

三、第二产业增加值预测

对名义第二产业增加值 GDP2 的回归分析结果如表 3 - 5 所示。

表 3 – 5　　　　　　　　　　　　　解释第二产业增加值 GDP2

被解释变量：ln（$GDP2_t$）				
解释变量	系数	标准差	z	Prob.
C	− 2.872	0.468	− 6.139	0.000
ln（$GDP2_{t-1}$）	0.798	0.049	16.408	0.000
ln（INV_t）	0.209	0.048	4.399	0.000
ln（RPI_t）	0.655	0.097	6.769	0.000
DUM9193	0.135	0.022	6.233	0.000
DUM09	− 0.093	0.036	− 2.549	0.016
DUMPOST10	− 0.121	0.021	− 5.854	0.000
检验统计量				
$R - squared$	0.999	Mean dependent		7.788
Adjusted $R - squared$	0.999	S. D. dependent		1.937
S. E. of regression	0.034	Akaike info		− 3.756
Sum squared resid	0.035	Schwarz		− 3.451
Log likelihood	76.479	Hannan − Quinn		− 3.648
F − statistic	19465.6	Durbin − Watson		1.820
Prob（F − statistic）	0.000			
Inverted AR Roots	0.59			

注：（1）以上是 OLS 的回归结果。

　　（2）DUM9193 是虚拟变量，1991 年到 1993 年值为 1，其他年份值为 0。

　　（3）DUMPOST10 是虚拟变量，2010 年及之后年份值为 1，其他年份值为 0。

广东省名义第二产业增加值的预测值如图 3 – 5 所示。

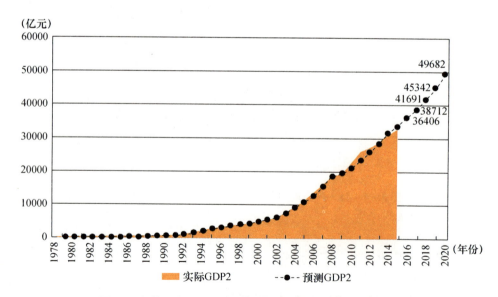

图 3 – 5　第二产业增加值 GDP2 预测值（1978 ~ 2020 年）

四、第三产业增加值预测

对名义第三产业增加值 GDP3 的回归分析结果如表 3－6 所示。

表 3－6　　　　　　　　　　解释第三产业增加值 GDP3

被解释变量：ln（$GDP3_t$）				
解释变量	系数	标准差	z	Prob.
C	0.404	0.023	17.405	0.000
ln（$GDP3_{t-1}$）	0.972	0.003	345.339	0.000
DUM8183	− 0.161	0.023	− 6.842	0.000
DUM9394	0.124	0.025	5.054	0.000
AR（2）	− 0.306	0.140	− 2.187	0.037
检验统计量				
R − squared	0.999	Mean dependent		7.816
Adjusted R − squared	0.999	S. D. dependent		1.938
S. E. of regression	0.034	Akaike info		− 3.811
Sum squared resid	0.034	Schwarz criterion		− 3.589
Log likelihood	71.697	Hannan − Quinn		− 3.735
F − statistic	28116.1	Durbin − Watson		1.698
Prob（F − statistic）	0.000			

注：（1）以上是 GLS 的回归结果。

（2）DUM8183 是虚拟变量，1981 年到 1983 年值为 1，其他年份值为 0。

（3）DUM9394 是虚拟变量，1993 年和 1994 年值为 1，其他年份值为 0。

广东省名义第三产业增加值的预测值如图 3－6 所示。

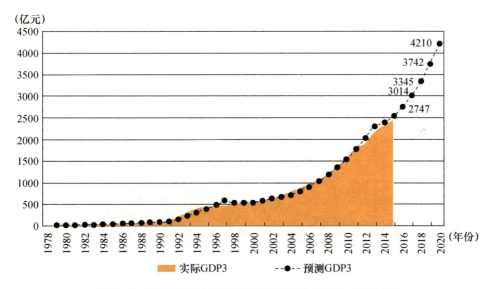

图 3－6　第三产业增加值 GDP3 预测值（1978～2020 年）

五、建筑业增加值预测

对名义建筑业增加值 GDP2_C 的回归分析结果如表 3 - 7 所示。

表 3 - 7   **解释建筑业增加值 GDP2_C**

解释变量	系数	标准差	z	Prob.
被解释变量：$\ln(GDP2\_C_t)$				
C	0.211	0.062	3.429	0.002
$\ln(GDP2\_C_{t-1})$	0.728	0.051	14.323	0.000
LGI	0.224	0.049	4.612	0.000
$DUM9297$	0.254	0.048	5.297	0.000
$DUM1415$	-0.083	0.068	-1.216	0.233
检验统计量				
$R-squared$	0.998	$Mean\ dependent$		5.710
$Adjusted\ R-squared$	0.997	$S.D.\ dependent\ van$		1.566
$S.E.\ of\ regression$	0.083	$Akaike\ info$		-2.011
$Sum\ squared\ resid$	0.214	$Schwarz\ criterion$		-1.792
$Log\ likelihood$	41.206	$Hannan-Quinn$		-1.935
$F-statistic$	3106.6	$Durbin-Watson$		1.351
$Prob\ (F-statistic)$	0.000			

注：（1）以上是 OLS 的回归结果。

（2）DUM9297 是虚拟变量，1992 年到 1997 年值为 1，其他年份值为 0。

（3）DUM1415 是虚拟变量，2014 年和 2015 年值为 1，其他年份值为 0。

广东省名义建筑业增加值的预测值如图 3 - 7 所示。

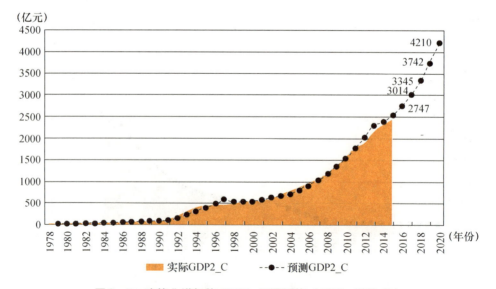

图 3 - 7 建筑业增加值 GDP2_C 预测值（1978～2020 年）

六、工业增加值预测

对名义工业增加值 GDP2_I 的回归分析结果如表 3-8 所示。

表 3-8 **解释工业增加值 GDP2_I**

被解释变量：$\ln（GDP2\_I_t）$				
解释变量	系数	标准差	z	*Prob.*
C	0.375	1.123	0.334	0.741
$\ln（GDP2\_I_{t-1}）$	1.305	0.161	8.087	0.000
$\ln（GDP2\_I_{t-2}）$	0.113	0.238	0.473	0.640
$\ln（GDP2\_I_{t-3}）$	-0.425	0.127	-3.342	0.002
LRPI	0.923	0.172	5.353	0.000
LRPI（-1）	-0.981	0.182	-5.374	0.000
DUMPOST06	-0.028	0.029	-0.974	0.339
检验统计量				
R - squared	0.999	*Mean dependent*		7.840
Adjusted R - squared	0.999	*S. D. dependent*		1.871
S. E. of regression	0.044	*Akaike info*		-3.299
Sum squared resid	0.057	*Schwarz criterion*		-3.076
Log likelihood	62.727	*Hannan - Quinn*		-3.222
F - statistic	15689.9	*Durbin - Watson*		2.018
Prob（F - statistic）	0.000			

注：（1）以上是 *OLS* 的回归结果。

（2）*DUMPOST06* 是虚拟变量，2016 年及以后值为 1，其他年份值为 0。

广东省名义工业增加值的预测值如图 3-8 所示。

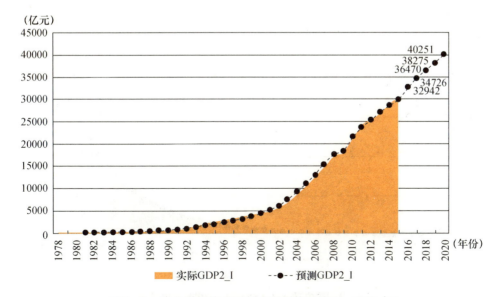

图 3-8 工业增加值 GDP2_I 预测值（1978～2020 年）

七、政府收入预测

对名义政府收入 GI 的回归分析结果如表 3 – 9 所示。

表 3 – 9　　　　　　　　　　解释政府收入 GI

被解释变量：$\ln(GI_t)$

解释变量	系数	标准差	z	Prob.
C	0.193	0.086	2.257	0.032
$\ln(GI_{t-1})$	0.997	0.013	78.049	0.000
DUM85	0.192	0.053	3.593	0.001
DUM90	– 0.297	0.053	– 5.578	0.000
DUM93	0.228	0.059	3.886	0.001
DUM94	– 0.368	0.058	– 6.300	0.000
DUM02	– 0.132	0.054	– 2.469	0.020
$AR(1)$	0.506	0.130	3.900	0.001

检验统计量			
R – squared	0.999	Mean dependent	6.325
Adjusted R – squared	0.999	S. D. dependent	1.744
S. E. of regression	0.059	Akaike info	– 2.621
Sum squared resid	0.098	Schwarz criterion	– 2.269
Log likelihood	55.176	Hannan – Quinn	– 2.498
F – statistic	4328.3	Durbin – Watson stat	1.963
Prob (F – statistic)	0.000		
Inverted AR Roots	0.510		

注：（1）以上是 GLS 的回归结果。

　　（2）DUM85、DUM90、DUM93、DUM94 和 DUM02 是虚拟变量。

广东省名义政府收入的预测值如图 3 – 9 所示。

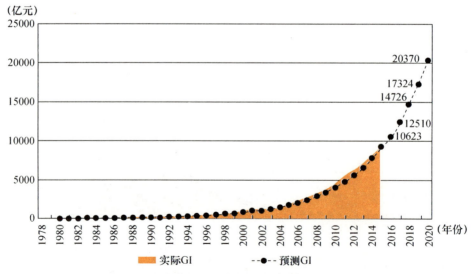

图 3 – 9　政府收入 GI 预测值（1978～2020 年）

八、居民最终消费预测

对居民最终消费 HFC 的回归分析结果如表 3 – 10 所示。

表 3 – 10　　　　　　　　　　　　**解释居民最终消费 HFC**

被解释变量：ln（HFC_t）				
解释变量	系数	标准差	z	Prob.
C	0.308	0.121	2.553	0.016
ln（HFC_{t-1}）	0.980	0.015	65.668	0.000
AR（1）	0.554	0.148	3.732	0.001
检验统计量				
R – squared	0.999	Mean dependent		7.884
Adjusted	0.999	S. D. dependent		1.659
S. E. of regression	0.063	Akaike info		− 2.612
Sum squared resid	0.131	Schwarz criterion		− 2.480
Log likelihood	50.014	Hannan – Quinn		− 2.566
F – statistic	12116.2	Durbin – Watson		1.705
Prob（F – statistic）	0.000			
Inverted AR Roots	0.550			

注：以上是 GLS 的回归结果。

广东省名义居民最终消费的预测值如图 3 – 10 所示。

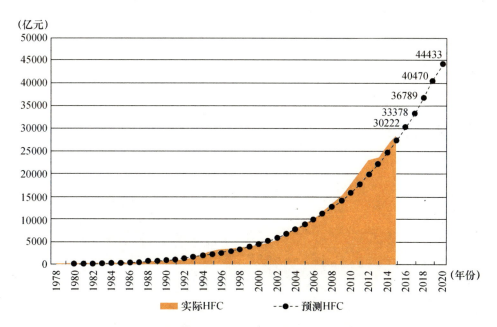

图 3 – 10　居民最终消费 HFC 预测值（1978 ~ 2020 年）

九、固定资产投资预测

对固定资产投资 INV 的回归分析结果如表 3–11 所示。

表 3–11   解释固定资产投资 INV

被解释变量：ln（INV_t）				
解释变量	系数	标准差	z	Prob.
C	0.265	0.038	7.003	0.000
ln（INV_{t-1}）	0.986	0.005	200.719	0.000
DUM89	−0.178	0.080	−2.220	0.034
DUM92	0.398	0.076	5.232	0.000
DUM9394	0.188	0.047	4.002	0.000
AR（1）	−0.411	0.175	−2.346	0.026
检验统计量				
R – squared	0.999	Mean dependent		7.451
Adjusted	0.998	S. D. dependent		1.953
S. E. of regression	0.078	Akaike info		−2.109
Sum squared resid	0.183	Schwarz criterion		−1.845
Log likelihood	43.957	Hannan – Quinn		−2.017
F – statistic	4364.7	Durbin – Watson		1.998
Prob（F – statistic）	0.000			
Inverted AR Roots	−0.410			

注：（1）以上是 GLS 的回归结果。

（2）DUM89、DUM92 和 DUM9394 是虚拟变量。

广东省名义固定资产投资的预测值如图 3–11 所示。

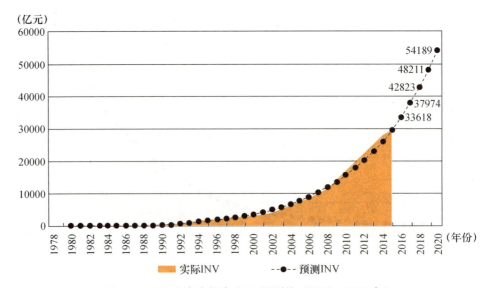

图 3–11　固定资产投资 INV 预测值（1978～2020 年）

第四章　外商投资及其对广东省经济的贡献

第一节　研究简介

　　广东省由于毗邻港澳及东南亚的地理优势和众多海外华侨华人的优势，自改革开放以来吸引了规模可观的外资。外资不但带来资金、管理经验和技术，也增加了广东省的就业机会和创收外汇的机会。外资对广东省经济增长、国内投资、就业和对外贸易的作用显而易见，但由于大部分外资投资于劳动力密集的加工型制造业，且集中度随着时间而减弱，因此外资对广东省经济可持续发展的要素即全要素生产率的作用还有待考证。

　　本章总结分析广东省外商投资的状况，并用计量经济学的研究方法衡量外商投资对广东省经济增长、就业、资本形成、产业结构变化和全要素生产率等方面的作用。分析过程如下：量化全要素生产率；以经济理论为依据建立模型；回归方程中包括相关的上述变量，并使用简单直观的估计函数力求达到好的回归效果。

第二节　外商投资概况

一、外商直接投资

　　随着我国经济结构的转型及消费结构升级，外商在华投资也发生了结构性变化，对我国的投资正从"世界工厂"型投资转向"世界市场"型投资。而伴随着我国劳动力和土地成本的上升、人民币升值、环保意识的增强和产业调整，广东省作为一个重要的来料加工地，其吸引外资的优势也在逐渐流失，实际利用外商直接投资的增长率呈缓慢下降态势。本节从全球外资的分布、广东省吸收外资的方式、外资的行业分布、区域分布和贸易情况分析广东省外资的优势和结构。

1. 全球外资流向

2015 年我国是世界第二大外商直接投资的流入地，仅次于美国。作为世界前三大外商直接投资流入地，美国的 FDI 流入量占比呈下降态势，中国内地和香港均浮动上升，我国 2015 年 FDI 占世界 FDI 的比例为 12%，比上一年下降约 4 个百分点。在其他四个金砖国家中，巴西、印度和俄罗斯在吸收外资方面也成绩斐然。南亚作为一个整体在吸收外商直接投资方面也进步迅速，FDI 流入量占世界的比重从 1998 年的 0.5% 上升到 2015 年的 2.4%，如图 4 - 1、图 4 - 2 所示。

图 4 - 1　世界前三大外商直接投资流入地的外资份额（1998～2015 年）
资料来源：世界银行的《世界发展指数数据库》。

图 4 - 2　其他金砖四国和南亚的外商直接投资流入占世界份额（1998～2015 年）
资料来源：世界银行的《世界发展指数数据库》。

我国内地吸收的外商直接投资从"六五"期间（1981～1985 年）不到 60 亿美元激增到"十二五"期间（2011～2015 年）5911 亿美元。短短 30 年间，中国接受外商直接投资增长了近百倍，体现出了改革开放后中国对外开放程度日益提高，如图 4 - 3 所示。

图 4 - 3 全国外商直接投资（1983 ~ 2015 年）

1983 ~ 2015 年流入我国的 FDI 年平均增长 26%，明显高于世界 FDI 流量的年平均增长率 15%，但从长期来看，我国 FDI 的增长率呈略下降的态势。2015 年我国 FDI 增长率延续上一年的负值，为 - 7%，而同年世界 FDI 强劲增长 22%。这反映出我国在吸引外资方面面临着极大的国际竞争，如图 4 - 4 所示。

图 4 - 4 中国 FDI 增长率对比世界 FDI 增长率（1983 ~ 2015 年）

资料来源：世界银行的《世界发展指数数据库》和广东省各年统计年鉴。

2. 广东省外商直接投资的发展趋势

多年来广东省一直是中国外商直接投资最集中的地区，外资经济在广东省经济中占有重要地位。从1981年至今，外商和外商直接投资在广东省投入的资金平均占全国的1/5和1/4以上。但是，近年来，随着中国区域发展格局和各地竞争力的变化，外商直接投资在中国的区域选择开始发生变化。长三角和环渤海地区外资流入相对增加，珠三角地区外资流入相对减少。广东省直接利用外商投资的金额占全国总水平的比例已从最高的1990年占41.87%逐年降低到2004年的16.51%。2015年广东省实际利用外商投资和外商直接投资分别占全国的21.4%和21.28%，如图4-5所示。

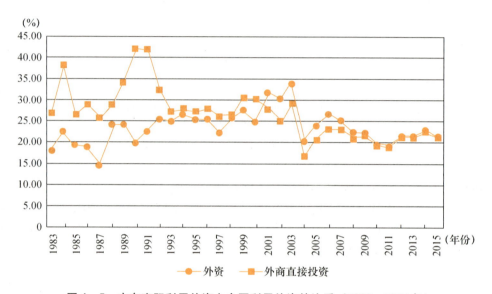

图4-5　广东实际利用外资占全国利用外资的比重（1983~2015年）

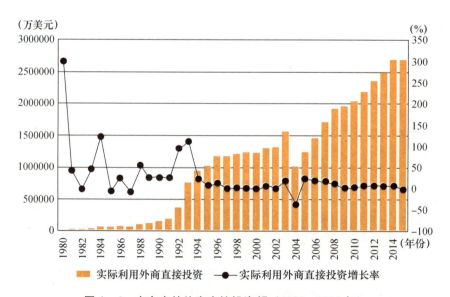

图4-6　广东省的外商直接投资额（1980~2014年）

　　广东省的外商直接投资在总额上呈明显增加的趋势，从1980年的1.23亿美元增加到268.75亿美元，然而增长率却自20世纪90年代中期缓慢下降，2014年FDI增长率仅为8%，2015年却几乎为零（见图4-6）。外商直接投资签订项目在改革开放初期迅猛增长，在1993年达到峰值后又迅速减少；第二个增长期发生在1999～2007年，2008～2009年受全国金融危机影响而小幅减少，之后浮动小幅上升。2015年广东省的外商直接投资签订项目共有7029个，如图4-7所示。

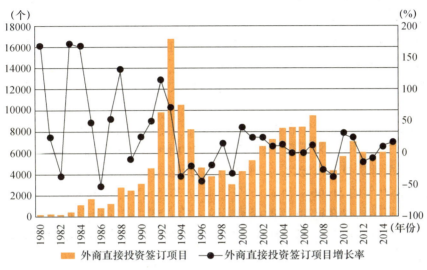

图4-7　广东省的外商直接投资签订项目（1980～2014年）

3. 外资国别来源

　　从外资的国别来源来看，多个国家或地区对广东省直接投资占对中国内地直接投资的百分比都在15年间逐渐下降。广东省最受香港地区投资重视，如图4-8所示。

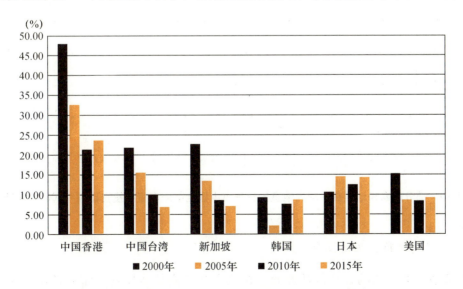

图4-8　部分国家和地区在广东省直接投资占其在中国内地全部直接投资比重（2000～2015年）

　　亚洲一直以来都是中国外商投资的主要来源，来自亚洲的外商投资占中国内地全部外商投资的比重从 2001 年的 59.62% 增长到 2015 年的 82.49%。其中，以香港地区的外资为主导力量，来自香港地区的投资占中国全部外商投资的比重由 33.66% 增长到 68.42%。新加坡、韩国、日本和中国台湾地区在中国大陆的投资占全国外资的比重也很大，2015 年该比重分别达到 5.47%、3.19%、2.53% 和 1.22%。由图 4-8 可见，除了中国香港地区和新加坡，其他亚洲国家和地区对中国的投资均呈下降趋势。同时，美国和欧洲对中国内地的投资占中国全部外资的比重也呈下降趋势，分别从 2001 年的 8.92% 和 9.03% 下降到 2015 年的 1.65% 和 5.46%。

　　自 2000 年以来，外商纷纷增加对中国内地的投资，而内地其他省份的开放使广东省的重要性有所下降。结构上除日本外，其他主要投资国家或地区对广东省投资比重在 15 年间下降 6~25 个百分点，日本对广东省直接投资在小幅度波动中有上升的态势。

　　在这些投资国中，对广东省直接投资占其在中国内地直接投资总额降幅最大的是香港地区，从 2000 年的 48.05% 下降到了 2015 年的 23.71%，但下降后广东省仍是香港地区最重要的外资投资市场之一；中国台湾地区与新加坡对广东省投资重视程度相似，分别从 2000 年的 21.66% 和 22.61% 下降到 2015 年的 14.82% 和 15.75%；韩国和美国的对华投资结构也在这 15 年间经历了较大的调整，在 2015 年两国对广东省直接投资额为其对华投资总额的 8.62% 和 9.12%；日本对广东省投资重视程度则从 2000 年的 10.58% 上升到 2015 年的 14.25%（见图 4-9）。

图 4-9　部分国家和地区在中国内地直接投资占中国全部外商直接投资比重（2001~2015 年）

　　4. 广东省外商企业的投资方式

　　广东省吸收外资的方式包括外商直接投资和外商其他投资，而前者在近几年一直保持压倒性的优势，占总外资的 98.5%。而在外商直接投资方式中又以外资独资为主，这类企业在外商直接投资中约占 81%，合资经营企业约占 16%，合作经营企业和外商投资股份制企业分别约占 2% 和 1%（见图 4 – 10）。

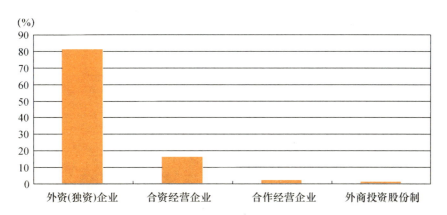

图 4 – 10　2015 年广东省实际利用外商直接投资方式

5. 广东省外资的行业分布

外资的行业分布与其追求的短期盈利目标息息相关。农业由于开发投资大，回收期较长，风险较大且利润率低，所以外商在第一产业的分布尤其少，2015 年不足外资总额的 0.4%。外商直接投资长期以来主要集中在第二产业，投向第三产业的比重呈增长趋势。可见外资在优化广东省产业结构方面并没有起到明显的贡献作用。

外资在广东省的产业内部构成方面也不均衡，在基础建设方面投资极少。2015 年广东省外资集中度排名前五的行业包括制造业、房地产业、租赁和商务服务业、批发和零售业及金融业，这几个行业占广东省总 FDI 的 87.2%。外资在制造业（如纺织业、塑料制造业、化学原料和化学制品制造业等）的集中度不利于广东省降低环境污染，进而影响广东省的可持续发展。

外商在现代服务业的直接投资占外商直接投资总额的 22.9%，具体分布如下：租赁和商务服务业占 10.7%，金融业占 5.2%，信息传输、计算机服务和软件业占 2.5%，科学研究、技术服务和地质勘查业占 2.1%，交通运输、仓储和邮政业占 1.8%，住宿和餐饮业占 0.5%，文化、体育和娱乐业占 0.1%。外商在非制造业中的投资比例体现了外资在结构性上的变化，其正在从以传统的加工贸易型投资为主转向以市场为导向的投资（见表 4 – 1）。

表 4 – 1　　　　　　　　2015 年广东省外商直接投资行业分布

行业	占总 FDI 比重（%）
制造业	38.2
房地产业	26.2
租赁和商务服务业	10.7

续表

行业	占总 FDI 比重（%）
批发和零售业	6.9
金融业	5.2
建筑业	2.6
信息传输、计算机服务和软件业	2.5
科学研究、技术服务和地质勘查业	2.1
电力、燃气及水的生产和供应业	1.9
交通运输、仓储和邮政业	1.8
住宿和餐饮业	0.5
居民服务和其他服务业	0.5
公共管理和社会组织	0.4
农、林、牧、渔业	0.3
采矿业	0.1
水利、环境和公共设施管理业	0.1
文化、体育和娱乐业	0.1
教育	0.0
卫生、社会保障和社会福利业	0.0

6. 广东省外资的区域分布

外资在广东省的区域分布也严重失衡，主要分布在发达的珠三角地区。土地面积占全省面积不到31%的珠三角区域在2015年吸收外商直接投资占全省外商直接投资的95%，而广袤的其他三个区域却只占全省 FDI 总额的5%。其中，东翼区域约占1%，西翼区域和山区区域各约占2%。在市级分布中，深圳市、广州市和东莞市是吸收外商最多的三个城市，2015年共吸收约140亿元外商直接投资，占广东省总 FDI 的62%。外资区域分布的严重失衡不利于广东省缩小区域间的经济水平差异（见图4-11）。

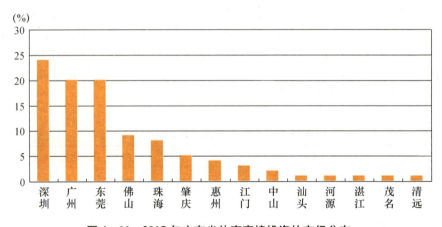

图4-11　2015年广东省外商直接投资的市级分布

7. 广东省外资对贸易的贡献

外资对广东省的贸易贡献极大，除了在 2009 年和 2015 年有所减少，外商投资企业的进口额、出口额在 2000～2015 年均逐年增加。外资企业出口和进口在样本期间的关联系数高达 0.9925，这在很大程度上归因于广东省强劲的加工贸易。而广东省外资企业的进出口占全省进出口的比重分别自 2005 年和 2006 年后呈下降态势，分别从 65% 和 67% 下降到 2015 年的 52% 和 55%；与此同时，外资企业的加工贸易占外资企业的全部贸易比重也显著下降，进出口占比分别从 2005 年的 74% 和 88% 下降到 2015 年的 65% 和 74%（见图 4 – 12、图 4 – 13）。

图 4 – 12　外商投资企业出口（2000～2015 年）

图 4 – 13　外商投资企业进口（2000～2015 年）

随着我国制造业成本的攀升和购买力的上升，我国吸引外资的主要优势已从低成本转向市场。广东省需引导外商在高新技术产业和高端服务业的投资，以促进产业升级，同时平衡珠三角区域和其他三个区域的外商投资流量，引导低端制造业的外资到东翼、西翼和山区区域。

【小结】

外资对广东省的贸易贡献极大，外资贸易额占全省贸易额的一半以上。从外资的来源来看，香港地区是广东省外商投资的主要来源，来自新加坡、韩国、日本和台湾地区的投资也很大。外资在广东省的区域分布也严重失衡，主要分布在发达的珠三角地区。广东省吸收外资的方式以外商直接投资为主，其中又以外资独资为最。从产业分布来看，广东省外资长期以来主要集中在第二产业，投向第三产业的比重呈增长趋势，而在第一产业的分布尤其少。外资在产业内部构成方面也不均衡，在基础建设方面投资极少；在制造业投资占比最大，这不利于广东省降低环境污染、促进经济的可持续发展；外商在现代服务业的直接投资占比有增长的趋势，体现了外资在结构上正在从以传统的加工贸易型投资为主转为以市场为导向的投资。

二、对外经济技术合作

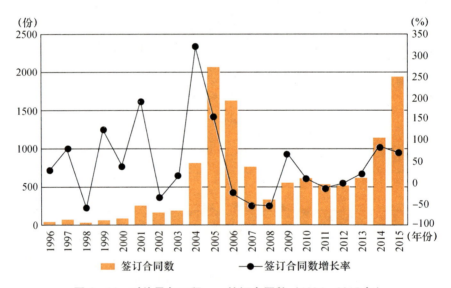

图 4 - 14　对外承包工程——签订合同数（1996～2015 年）

与对外贸易和引进外资同时蓬勃发展的有对外经济技术合作。广东省对外经济技术合作以对外承包工程和对外经济技术合作为主。对外承包工程从 1985 年的 28 项增长到 2015 年的 1937 项，其间营业金额从 0.25 亿美元增长到 198.8 亿美元，从事对外承包工程的在外人数也从 305 人增加到 3633 人。在对外劳务合作方面，参与对外劳务合作的人员由 1985 年的 1197 人激增到 2015 年的 8.16 万人，而由此产生的实际收入也由 433 万美元增加到 11.8 亿美元。对外经济技术合作不但有利于促进国家间的友好合作关系，还缓解了国内就业压力并增长国家外汇储备（见图 4 - 14 至图 4 - 18）。

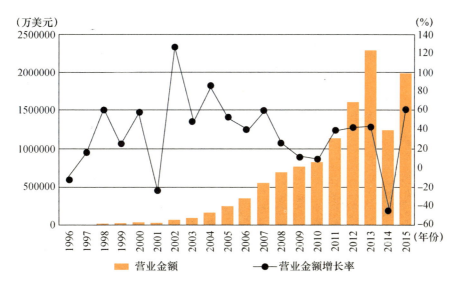

图 4 - 15　对外承包工程——营业金额（1996 ~ 2015 年）

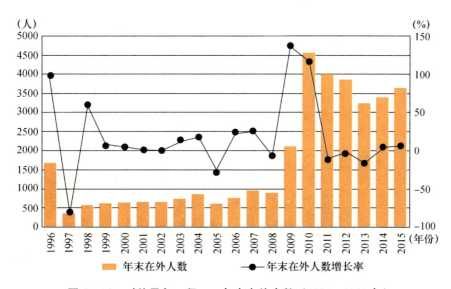

图 4 - 16　对外承包工程——年末在外人数（1996 ~ 2015 年）

【小结】

　　广东省对外经济技术合作包括对外承包工程和对外经济技术合作，二者在改革开放后均有飞越式发展。对外经济技术合作不但有利于发扬我国的国际合作精神，加强我国在国际社会上的影响力，也为增加我国的外汇储蓄及缓解就业压力做出贡献。

图 4 - 17　对外劳务合作——年末在外人数（1996～2015 年）

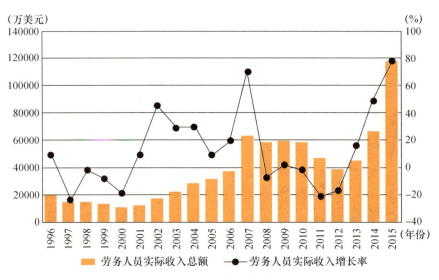

图 4 - 18　对外劳务合作——劳务人员实际收入（1996～2015 年）

第三节　外商投资对广东省经济的影响

　　本节重点介绍广东省经济增长模型的研究方法、研究框架以及涉及的变量指标等。在研究方法上采取理论驱动与数据驱动相结合的方法，先量化全要素生产率，然后按照模型设定和回归估计两个步骤进行。在研究框架上，将广东省经济放在国际、国内两个大环境下进行研究，建立一个开放经济系统来同时解释外商投资对广东省经济多方面的影响。

一、研究方法

本书采用理论驱动与数据驱动相结合的方式，构建模型以估计外商投资对广东省主要指标经济的作用，为广东省完善招商引资政策提供实证依据。所谓理论驱动是指尽可能从现有的、成熟的经济理论出发构建经济模型，使每个方程都具有经济学含义，不违背经济学常识。所谓数据驱动是指以历史数据为基础，借助计量方法选择合适的经济模型，使得每个方程都满足统计上的显著性。

量化外商投资对经济影响的模型开发主要包括三个步骤：一是以投入和产出数据估计广东省的全要素生产率；二是经济发展模型的设定，即选择哪些变量来解释因变量；三是选择合适而又简单的估计函数对外商投资的影响作准确的量化。

在此部分分析过程中，最重要也是难度最大的有两个部分：第一，分析最先要解决的难题是如何估计全要素生产率这一个抽象的系列。将估计出来的全要素生产率代入经济发展模型，既作为一个解释变量来解释因变量，又作为一个因变量来量化外商投资对全要素生产率的影响。这就要求分析估计出的全要素生产率系列要符合正态分布。第二，选择合理的解释变量建立经济发展的计量模型。这些解释变量既要在理论上与被解释变量存在联系，又要在计量上满足一定的显著性要求，且相互间不能存在高相关性。模型的选取是一个不断"试错"的过程：首先，以经济理论和客观现实为基础，构建一个理论上的模型；其次，根据历史数据，使用计量方法检验结果，并不断调试得到拟合程度和显著性最佳的结果。

在对全要素生产率系列的估计中，本书将采用张军和施少华（2003）的回归法。在对外商投资的经济影响估计中，本书将采用三阶段最小二乘法估计函数（3SLS），既能简单而有效地处理回归过程中内生性问题，又能同时解释外商投资对经济多方面的影响。详细分析方法和结果见下文。

二、研究框架

广东省是我国第一经济大省，也是对外开放程度最高的地区之一。因此，广东省经济不仅受到国家政策的影响，也受到国际经济形势的影响。这就要求我们在研究外商投资的经济作用时，需要将广东省经济放在国际、国内两个大环境下建立一个开放的经济系统进行研究。

图 4-19 模型结构图体现了 FDI 在整个宏观经济中的位置和作用。主要解读如下：

第一，GDP 的形成要素包括资本、劳动力和技术。其中资本形成的增加由三个部分组成：政府投资、民营投资和外商投资。

第二，GDP 按支出法分由资本形成、消费和净出口组成。其中，资本形成由政府投资、民营投资和存货组成；最终消费由居民消费和政府消费组成；净出口是出口与进口的差额。

第三，在模型图中箭头代表因素的影响力。由图4－19可见，我们假设影响FDI的因素包括政府投资、民营投资、居民消费、出口及劳动力。其他影响FDI而未罗列在图中的因素包括税收政策、汇率、环保要求、基础设施等。

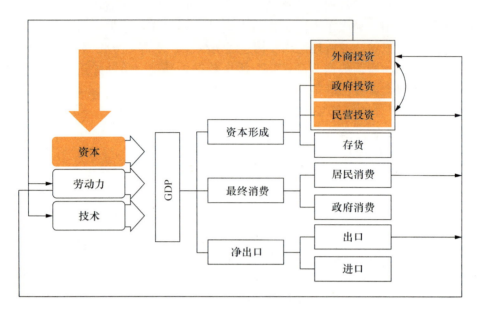

图4－19　外商投资因果关系模型结构示意图

注：一些变量涉及多个经济变量和关系，在此不一一列举。

第四，从FDI的影响作用来看，FDI对资本总形成、劳动力、技术、进出口等都有直接的影响。FDI对私营投资也有影响，表现为技术溢出效应、投资带动效应；另外，当国内产业过度依赖技术和资本的引进或外资强势流入竞争较激烈的产业时，FDI则可能对私营投资产生挤出效应。

总而言之，FDI和许多其他经济指标间的关系不是单一的关系，FDI在这个体系中不是外生的变量。因此，当我们量化FDI对广东省经济的影响时，需要将这些相关指标放在一个互动的体系中进行研究。

三、涉及变量指标

外商投资的因果关系模型涉及的变量不但包括图4－19中所显示的变量，还包括涉及政策、经济结构、国际经济形势等的变量。具体而言，实证分析所考虑的变量主要包括：

1. 生产总值

广东省GDP、第一产业生产总值、第二产业生产总值、第三产业生产总值、工业生产总值、固定资本形成总额、居民消费支出和政府消费支出。

2. 全要素生产率

该变量是用来衡量单位总投入的总产量的生产率指标，包含生产效率的提高和科技的进步。在本文中由随机前沿分析的方法估计而得。

3. 人口、就业和工资

年末户籍总人口数、就业人员年末人数和城镇单位职工年平均工资。

4. 投资

国家预算资金固定资产投资、国内贷款固定资产投资和利用外资固定资产投资。

5. 对外经济

汇率、实际利用外商直接投资、出口额、进口额、对外承包工程营业金额和对外劳务人员实际收入总额。

6. 价格和人民生活

居民消费价格指数、城镇居民人均可支配收入和农村居民人均纯收入。

7. 教育

本文用高等学校在校学生数表示各地区的教育水平。

8. 政策

本文用一年期贷款利率、财政收入和财政支出分别衡量货币政策和财政政策。

9. 国际经济形势

本文用 OECD 国家 GDP 总额衡量国际经济形势。

第四节　模型的设定

本节主要介绍外商投资因果关系模型的设定方法以及解释变量的选择过程，并阐述背后的经济学含义或依据。一个经济变量除了要受到外部环境、经济政策以及其他变量的影响，还有一定的历史变化趋势，同时它也影响一些外生变量。因此，模型设定的基本思路是，考虑外生变量和内生变量的滞后期来解释内生变量时，我们也要考虑外生变量的内生性。在解释变量的选择时，既符合理论上的经济学原理和常识，又满足计量上的显著性要求。

一、基本原则

广东省外商投资因果关系模型的设计方法和步骤可以简单归纳为：先设计出理论模型，再根据数据结果和预测结果进行筛选。然而，宏观经济变量之间一般都存在着一定的相关性，因此模型设定必然会遇到解释变量的取舍问题。

在模型的设定和调整过程中，解释变量的选取主要根据以下两个原则进行：一是经济含义明确，即符合经济学原理和常识。二是统计上显著，即通过显著性水平检验。

二、变量符号和前提假设

1. 变量符号

为了行文和实证程序的方便，先将本部分研究外商投资对广东省经济影响所考虑到的相关变量符号及其代表意义整理成表 4-2。表 4-2 中的变量均代表实际变量，即名义变量用 2010 年不变价格进行调整得到的变量。

表 4-2　　　　　　　　　　　　经济变量和含义

变量	含　义
GDP	地区生产总值（2010 年不变价格，亿元）
$PCGDP$	人均地区生产总值（2010 年不变价格，元）
$GDP1$	第一产业生产总值（2010 年不变价格，亿元）
$GDP2$	第二产业生产总值（2010 年不变价格，亿元）
$GDP3$	第三产业生产总值（2010 年不变价格，亿元）
$GDP2\_1$	工业生产总值（2010 年不变价格，亿元）
INV	固定资本形成总额（2010 年不变价格，亿元）
K	资本存量（2010 年不变价格，亿元）
TFP	全要素生产率（指数）
$GTFP$	全要素生产率的增长率（%）
HCE	居民消费支出（2010 年不变价格，亿元）
GCE	政府消费支出（2010 年不变价格，亿元）
POP	年末总人口数（万人）
L	就业人员年末人数（万人）
W	城镇单位职工年平均工资（2010 年不变价格，元）
$BUDGINV$	固定资产投资资金来源中国家预算投资（2010 年不变价格，亿元）

续表

变量	含　义
FINV	固定资产投资资金来源中利用外资（2010 年不变价格，亿元）
PINV	固定资产投资资金来源中民营投资（2010 年不变价格，亿元）
ER	人民币兑美元汇率（人民币/100 美元）
FDI	实际利用外商直接投资（2010 年不变价格，万美元）
EX	出口额（2010 年不变价格，亿美元）
IM	进口额（2010 年不变价格，亿美元）
CPI	居民消费价格指数（上年 = 100）
UI	城镇居民人均可支配收入（2010 年不变价格，元）
RI	农村居民人均纯收入（2010 年不变价格，元）
HEDU	高等学校在校学生数（万人）
R	一年期贷款利率（%）
GI	地方一般预算收入（2010 年不变价格，亿元）
GE	地方一般预算支出（2010 年不变价格，亿元）
OECD	*OECD* 国家 *GDP* 年增长率（%）
DUM2010	虚拟变量，2010 年及之后年份数值为 1，其余为 0

在表 4 - 2 中，除了资本存量（K）和全要素生产率（TFP），其他数据均来自现有的数据库，其中广东省的数据来自各年《广东统计年鉴》和《中国统计年鉴》，OECD国家 GDP 年增长率（OECD）来自世界银行的世界发展指标数据库。

2. 前提假设

模型中变量的形式拟采取 ln（自然对数）、Dln（自然对数的差分）和在 GDP 中的比重三种方法，选择依据：符合经济学原理；文献中通用的形式；符合实证中统计分析的要求。一个模型中内生变量的界定由统计测试结果决定，但一些变量如 OECD 国家 GDP 总额（OECD）、汇率（ER）、人口（POP）、一年期贷款利率（R）等可以假定为外生变量。

三、变量估算

1. 资本存量的估算

资本存量是依照永续盘存法（Perpetual Inventory Method，PIM）计算而得的。根据以上所指的数据库，已知的固定资本形成总额的数据我们最早可以追溯到 1952 年，1952 年则作为计算资本存量的第一年，该年的资本存量为固定资本形成总额的 10 倍。

本书中实证部分所用的起始年份是 1981 年，相比 1952 年有近 30 年的距离，因此 1952 年资本存量界定对 1981 年及之后年份的资本存量界定影响不太大。对资本存量计算影响最大的是年折旧率假设。文献对折旧率的假设区别极大，如表 4 - 3 所示。在本部分我们假设广东省年均折旧率为 9.6%，资本存量序列由此形成。

表 4 - 3　　　　　　　　　部分文献假设/估计的年平均折旧率

文献	研究对象	年均折旧率
Mankiw、Romer 和 Weil（1992）	98 个国家	0.03
Hall 和 Jones（1999）	127 个国家	0.06
Jorgenson 和 Stiroh（2000）	美国	0.1
Young（2000）	中国省市	0.06
王小鲁等（2000）	中国省市	0.05
Wan（2001）	中国省市	0.030 ~ 0.055
卜永祥等（2002）	中国省市	0.05
黄永峰等（2002）	中国制造业	设备 0.17，建筑 0.08
刘明兴（2002）	中国省市	0.1096
Ao 和 Fulginiti（2003）	中国省市	0.042
Krüger（2003）	87 个国家	0.1
宋海岩等（2003）	中国省市	国家折旧率 + 省际经济增长率
Deng 和 Li（2004）	中国省市	0.06
龚六堂、谢丹阳（2004）	中国省市	0.10
郭庆旺、贾俊雪（2004）	中国省市	0.05
张军等（2004）	中国省市	0.096
Zheng 和 Hu（2006）	中国省市	0.04
McQuinn 和 Whelan（2007）	96 个国家	0.06
单豪杰（2008）	中国省市	0.1096
陈昌兵（2014）	中国	0.0565

2. 全要素生产率的估算

全要素生产率（TFP）的估算需要用到国内生产总值（GDP）、资本存量（K）

和就业人员数（L）数据，估算方法沿用张军和施少华（2003），并采用以下回归方程：

$$\ln GDP_t = \ln A_0 + \lambda T_t + \alpha \ln K_t + \beta \ln L_t + e_t$$

其中，T 是时间序列，α 和 β 分别是资本产出弹性和劳动产出弹性。第 t 年的全要素生产率为：

$$TFP_t = \frac{GDP_t}{K_t^\alpha L_t^\beta}$$

由于在本课题中 K 和 L 的相关系数高达 0.8946 在回归方程中有多重共线性的问题。为解决这个问题，我们假设规模报酬不变，即 $\alpha + \beta = 1$，回归方程相应演变为：

$$\ln（GDP_t/L_t）= \ln A_0 + \lambda T_t + \alpha \ln（K_t/L_t）+ e_t$$

第 t 年的全要素生产率则为：

$$TFP_t = \frac{PCGDP_t}{（K_t/L_t）^\alpha}$$

第 t 年的 TFP 增长率为：

$$G\_TFP_t = \frac{TFP_t}{TFP_{t-1}} = -1$$

在实证过程中，由于普通最小二乘法（OLS）回归所得的误差项存在着自相关和异方差性，我们采用自回归条件异方差法（ARCH）估计以上方程中的系数，结果如表4-4所示。

表 4-4　　　　　　　　解释 ln（PCGDP）：自回归条件异方差方法

被解释变量：ln（PCGDP）				
解释变量	系数	标准差	z	Prob.
常量	5.534	0.5081	10.89	0.000
T_t	0.071	0.0062	11.44	0.000
ln（K_t/L_t）	0.255	0.0604	4.22	0.000
DUM2010	-0.069	0.0365	-1.90	0.057
方差方程				
常量	0.0011	0.0010	1.13	0.259
$ARCH_{t-1}$	0.8067	0.4408	1.83	0.068
检验统计量				
Log likelihood	51.4366			
Wald chi2（3）	12263.40			
Prob > chi2	0.0000			

估算所得的广东省全要素生产率的增长率（GTFP）和累积全要素生产率（CTFP）如图 4-20 所示。在样本 1981~2015 年，TFP 增长率为年均 6.67%，TFP 增长率波动幅度巨大，标准差为 4.33%，年增长率最小值 -2.37% 发生在 1989 年，最大值 16.55% 发生在 1984 年。TFP 高速增长期位于 20 世纪 80 年代到 90 年代初期，2005 年后增速下降，2012 年增长率几乎为零，随后略有上升。

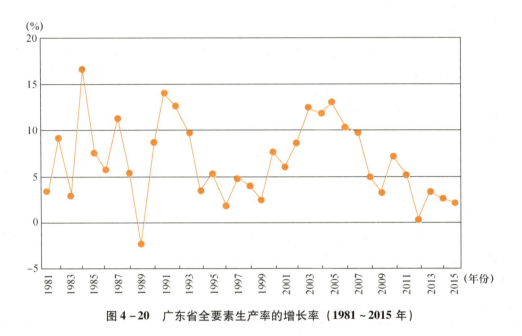

图 4-20　广东省全要素生产率的增长率（1981~2015 年）

第五节　数据汇总

本部分用到的数据为年度数据，除了进出口数据涵盖 1987~2015 年、固定资产投资资金来源中国家预算投资和固定资产投资资金来源中利用外资涵盖 1981~2015 年，其他序列的数据均涵盖 1981~2015 年。主要实际变量的均值、标准差、最小值和最大值汇总为表 4-5。

同时，为了避免实证过程中产生多重共线性问题，在这里我们也将变量间的相关系数总结为表 4-6。由表中可见许多变量之间的相关系数很高，比如城镇居民人均可支配收入（UI）和农村居民人均纯收入（RI）、出口（EX）和进口（IM），UI 和 RI 分别与 EX 和 IM 也高度相关。因此，在实证中应避免同时采用高度相关的变量，如 UI 和 RI 不能同时用，EX 和 IM 不能同时使用，UI 和 EX 也不能同时使用。不同类别变量间的高度相关可采用变量的不同形式，比如，UI 使用自然对数的形式，EX 使用 EX 在 GDP 中的比例。为了解决多重共线性问题，我们也可以将两个高度相关的同类变量复合成一个变量，比如将 EX 和 IM 相加组成一个进出口总额的变量，或者用进出口总额在 GDP 中的比例表示广东省的对外开放程度。

表 4 – 5 主要变量的数据汇总

变量	均值	标准差	最小值	最大值
GDP（2010 年不变价格，亿元）	19131	19630	1423	63200
PCGDP（2010 年不变价格，元）	20324	17851	2696	58592
GDP1（2010 年不变价格，亿元）	1362	703	462	2904
GDP2（2010 年不变价格，亿元）	9112	9373	590	28308
GDP3（2010 年不变价格，亿元）	8657	9590	371	31988
GDP2_1（2010 年不变价格，亿元）	8350	8785	508	26265
INV（2010 年不变价格，亿元）	6650	7733	360	25389
K（2010 年不变价格，亿元）	29156	35674	1575	127139
GTFP（%）	6.67	4.33	− 2.37	16.55
HCE（2010 年不变价格，亿元）	7680	7398	858	24684
GCE（2010 年不变价格，亿元）	2048	2203	129	7615
POP（万人）	7139	1147	5322	9008
L（万人）	4116	1241	2424	6219
W（2010 年不变价格，元）	2300	2824	242	10934
BUDGINV（2010 年不变价格，亿元）	225	375	25	1531
FINV（2010 年不变价格，亿元）	430	287	39	1047
ER（人民币/100 美元）	612	224	171	862
FDI（2010 年不变价格，万美元）	1202531	759002	82017	2367391
EX（2010 年不变价格，亿美元）	2261	1933	356	5735
IM（2010 年不变价格，亿美元）	1681	1276	382	4105
CPI（上年 = 100）	106	8	98	129
UI（2010 年不变价格，元）	12710	8419	2747	30169
RI（2010 年不变价格，元）	4674	2801	1594	11597
HEDU（万人）	57.15	61.91	4.09	185.64
R（%）	7.27	2.03	4.35	12.06
GI（2010 年不变价格，亿元）	1901	2235	201	8130
GE（2010 年不变价格，亿元）	2290	2773	145	11134
OECD（%）	2.35	1.50	− 3.54	4.68

表4-6　主要变量间的相关系数

	GDP	PCGDP	GDP1	GDP2	GDP3	GDP21	INV	K	GTFP	HCE	GCE	POP	L	W
GDP	1													
PCGDP	0.9987	1												
GDP1	0.9961	0.9932	1											
GDP2	0.9981	0.9991	0.9933	1										
GDP3	0.9982	0.9948	0.9947	0.9926	1									
GDP21	0.9977	0.9989	0.9927	1	0.992	1								
INV	0.9939	0.988	0.9942	0.9864	0.9973	0.9855	1							
K	0.9864	0.9785	0.9861	0.9746	0.9939	0.9735	0.9967	1						
GTFP	-0.2912	-0.2705	-0.3181	-0.2745	-0.3044	-0.2726	-0.3244	-0.332	1					
HCE	0.9988	0.9967	0.9968	0.9958	0.998	0.9952	0.9953	0.9884	-0.3043	1				
GCE	0.9931	0.9901	0.9869	0.9858	0.9967	0.985	0.9924	0.9918	-0.2749	0.9938	1			
POP	0.934	0.9468	0.9234	0.9404	0.9249	0.9391	0.905	0.8919	-0.1984	0.9322	0.9323	1		
L	0.9777	0.9866	0.9682	0.9859	0.9666	0.9858	0.9526	0.9357	-0.2077	0.9739	0.9633	0.9748	1	
W	0.9367	0.9235	0.9405	0.9151	0.9536	0.9131	0.9644	0.9784	-0.3524	0.9394	0.9529	0.8206	0.8618	1
BUDGINV	0.8723	0.8519	0.8817	0.8421	0.8975	0.8399	0.915	0.9384	-0.4183	0.881	0.8972	0.7214	0.7669	0.9742
FINV	0.3247	0.3681	0.3019	0.3687	0.2824	0.3687	0.2474	0.199	0.1635	0.3124	0.2765	0.531	0.4947	0.0978
ER	0.0457	0.0801	0.0455	0.0641	0.0277	0.0595	-0.0019	-0.0183	0.0487	0.0521	0.0492	0.3671	0.1955	-0.059
FDI	0.8468	0.8594	0.8461	0.8518	0.8387	0.8484	0.8252	0.8098	-0.2956	0.8478	0.8411	0.9395	0.887	0.7557
EX	0.9923	0.9935	0.9873	0.9952	0.9859	0.9956	0.9799	0.9671	-0.2473	0.9879	0.9772	0.9228	0.9786	0.9109
IM	0.9778	0.9819	0.97	0.9853	0.9672	0.9858	0.96	0.9402	-0.1933	0.9725	0.9602	0.9234	0.9785	0.873
CPI	-0.3704	-0.3858	-0.368	-0.3717	-0.3677	-0.3716	-0.3385	-0.3404	-0.1676	-0.3702	-0.3901	-0.5403	-0.4397	-0.2892
UI	0.9894	0.9927	0.9857	0.9902	0.985	0.9891	0.9771	0.9665	-0.2716	0.9908	0.9844	0.9689	0.9882	0.9061

续表

	GDP	PCGDP	GDP1	GDP2	GDP3	GDP2I	INV	K	GTFP	HCE	GCE	POP	L	W
RI	0.9866	0.9824	0.9896	0.9779	0.9909	0.9763	0.9905	0.9896	-0.3424	0.9903	0.9909	0.9331	0.9536	0.9564
HEDU	0.9951	0.9967	0.9857	0.997	0.99	0.9974	0.9823	0.9717	-0.248	0.9918	0.9846	0.9313	0.9835	0.9123
R	-0.6439	-0.6584	-0.6163	-0.6447	-0.6424	-0.6453	-0.6074	-0.6126	-0.0947	-0.6388	-0.6774	-0.7558	-0.6942	-0.5382
GI	0.9844	0.9754	0.9853	0.9723	0.9922	0.9714	0.9952	0.9988	-0.3388	0.9861	0.9889	0.8825	0.929	0.9766
GE	0.9734	0.9637	0.9746	0.9587	0.9837	0.9575	0.9856	0.994	-0.3393	0.9767	0.9836	0.8739	0.9149	0.9755
OECD	-0.4485	-0.4568	-0.4411	-0.4557	-0.4403	-0.4559	-0.4276	-0.4067	0.0747	-0.4421	-0.4221	-0.4648	-0.4808	-0.3467

	BUDGINV	FINV	ER	FDI	EX	IM	CPI	UI	RI	HEDU	R	GI	GE	OECD
BUDGINV	1													
FINV	-0.0586	1												
ER	-0.1556	0.6794	1											
FDI	0.6707	0.5584	0.4895	1										
EX	0.8356	0.3783	0.0286	0.8251	1									
IM	0.7852	0.4351	0.0513	0.8197	0.993	1								
CPI	-0.2307	-0.2411	-0.4385	-0.4529	-0.3491	-0.3475	1							
UI	0.8356	0.4063	0.175	0.9	0.978	0.9692	-0.4255	1						
RI	0.9075	0.2686	0.1013	0.8701	0.9648	0.9426	-0.4061	0.9845	1					
HEDU	0.8395	0.3696	0.0344	0.8265	0.9949	0.9865	-0.3631	0.9833	0.968	1				
R	-0.4701	-0.2793	-0.2771	-0.6185	-0.6194	-0.6241	0.7087	-0.6769	-0.6512	-0.6519	1			
GI	0.9396	0.1784	-0.0414	0.8038	0.9655	0.9372	-0.3248	0.9618	0.9871	0.9682	-0.5979	1		
GE	0.9449	0.1561	-0.0287	0.7949	0.9482	0.9143	-0.3264	0.953	0.9821	0.9546	-0.6013	0.9952	1	
OECD	-0.3168	-0.2546	-0.064	-0.4902	-0.4317	-0.4316	0.3585	-0.4677	-0.4153	-0.4609	0.3461	-0.4084	-0.3878	1

第六节　实证结果

　　根据外资的因果结构图并通过实证检验，我们最后构建了一个由四个方程组成的联立方程组，并用三阶段最小二乘法估计该联立方程组。在联立方程中涉及的变量均为零阶单整，即 I（0）。在表4-7中 Δ 代表对应变量的一阶差分。

表4-7　　　　　　　　　　　　实证外商投资的经济影响

方程	年数	系数	RMSE	R-sq	chi2	Prov.
$\Delta\ln$（PCGDP）	33	3	0.030	0.548	59.08	0.0000
$\Delta\ln$（PINV）	33	4	0.094	0.301	32.59	0.0000
GTFP	33	3	3.620	0.302	22.95	0.0000
$\Delta\ln$（FINV）	33	6	0.217	0.498	73.58	0.0000
解释变量	系数	标准差	z	Prob.	95% 置信区间	
被解释变量：$\Delta\ln$（PCGDP）						
$\Delta\ln$（PCK）	0.414	0.066	6.280	0.000	0.2847	0.5429
$\Delta\ln$（L）	0.843	0.235	3.580	0.000	0.3820	1.3042
$\Delta\ln$（FINV）	0.065	0.019	3.410	0.001	0.0275	0.1018
常量	0.021	0.012	1.770	0.077	-0.0022	0.0432
被解释变量：$\Delta\ln$（PINV）						
$\Delta\ln$（$PINV_{t-1}$）	-0.150	0.108	-1.390	0.164	-0.3625	0.0616
$\Delta\ln$（PCGDP）	2.103	0.419	5.020	0.000	1.2818	2.9247
$\Delta\ln$（FINV）	-0.178	0.067	-2.66	0.008	-0.3093	-0.0468
$\Delta\ln$（BUDGINV）	0.035	0.046	0.75	0.451	-0.0558	0.1255
常量	-0.160	0.038	-4.18	0.000	-0.2344	-0.0847
被解释变量：GTFP						
Δ（HEDU/POP）	9.750	6.601	1.480	0.140	-3.1885	22.6878
$\Delta\ln$（FINV）	9.855	2.356	4.18	0.000	5.2381	14.4728
$\Delta\ln$（PINV）	15.739	6.093	2.58	0.010	3.7973	27.6799
常量	5.160	0.780	6.61	0.000	3.6309	6.6890
被解释变量：$\Delta\ln$（FINV）						
$\Delta\ln$（PINV）	-1.260	0.420	-3.00	0.003	-2.0827	-0.4370
GTFP	0.036	0.012	3.14	0.002	0.0137	0.0590
$\Delta\ln$（HCE）	1.011	0.711	1.42	0.155	-0.3815	2.4043
$\Delta\ln$（W）	1.524	0.479	3.18	0.001	0.5853	2.4617
$\ln$（ER）	0.210	0.086	2.430	0.015	0.0409	0.3791
TIME	-0.023	0.005	-4.440	0.000	-0.0327	-0.0127
常量	-1.311	0.505	-2.590	0.009	-2.3017	-0.3208

表4-8　联立方程中解释变量间的相关系数

	Δln(PCGDP)	Δln(PCK)	Δln(L)	Δln(FINV)	Δln(PINV)	Δln(BUDGINV)	Δ(HEDU/POP)	GTFP	Δln(HCE)	Δln(W)	ln(ER)
Δln(PCGDP)	1										
Δln(PCK)	0.4446	1									
Δln(L)	0.5361	-0.1820	1								
Δln(FINV)	0.3697	-0.0483	0.3164	1							
Δln(PINV)	0.5129	0.5569	0.0699	-0.0103	1						
Δln(BUDGINV)	0.0839	0.5478	-0.3039	-0.2520	0.3734	1					
Δ(HEDU/POP)	0.1742	0.0515	0.4179	-0.2313	0.0206	0.2507	1				
GTFP	0.9401	0.1134	0.6617	0.4266	0.3556	-0.1140	0.1710	1			
Δln(HCE)	0.4830	0.2846	0.3001	0.3259	0.0383	0.0958	0.2167	0.4302	1		
Δln(W)	0.3037	0.2562	0.1340	0.1293	0.2863	0.1976	0.2945	0.2407	-0.0248	1	
ln(ER)	0.0147	0.3110	0.0262	-0.3101	0.0639	0.1933	0.5532	-0.1060	0.1654	0.0765	1

在联立方程中，人均 GDP 增长率（$\Delta\ln(PCGDP)$）、民营投资增长率（$\Delta\ln(PINV)$）、全要素生产率的增长率（GTFP）和外商投资增长率（$\Delta\ln(FINV)$）属于内生变量，其他变量假设为外生变量。各个方程中解释变量间相关系数的绝对值均低于 0.6。

在人均 GDP 增长率（$\Delta\ln(PCGDP)$）的方程中，人均资本存量的增长率（$\Delta\ln(PCK)$）、劳动力增长率（$\Delta\ln(L)$）和外商投资的增长率（$\Delta\ln(FINV)$）对人均 GDP 增长率都有显著的积极贡献。

在民营投资增长率（$\Delta\ln(PINV)$）的方程中，民营投资自身调节作用（$\Delta\ln(PINV_{t-1})$）不显著，人均 GDP 增长率（$\Delta\ln(PCGDP)$）对民营投资增长率有积极的贡献，国家预算投资增长率（$\Delta\ln(BUDGINV)$）的正影响并不显著，而外商投资增长率（$\Delta\ln(FINV)$）对民营投资增长率起了显著的阻碍作用。

在全要素生产率增长率（GTFP）的方程中，民营投资增长率（$\Delta\ln(PINV)$）和外商投资的增长率（$\Delta\ln(FINV)$）对广东省全要素生产率的进步起了显著的促进作用，高等学校在校学生比例（$\Delta(HEDU/POP)$）的积极作用并不显著。

在外商投资增长率（$\Delta\ln(FINV)$）的方程中，民营投资增长率（$\Delta\ln(PINV)$）对外商投资的增长率起了明显的阻碍作用，全要素生产率的增长（GTFP）、城镇单位职工年平均工资的增长（$\Delta\ln(W)$）和人民币汇率（$\ln(ER)$）对外商投资的增长均起了显著的促进作用，居民消费支出的增长（$\Delta\ln(HCE)$）对外商投资增长起的积极作用并不显著，而代表时间趋势的变量（TIME）的系数为负且显著，说明外商投资的增长从长期来看呈下降趋势。

总而言之，在样本期间 1981～2015 年，外商投资增长对广东省人均 GDP 增长有单向促进作用；外商投资增长和全要素生产率增长率（GTFP）有相互促进作用；外商投资增长和民营投资增长则有着相互挤出的效应。

第七节　政策建议

改革开放后的 30 多年间，中国接受的外商直接投资增长了近百倍。2015 年我国 FDI 增长率为 −7%，而同年世界 FDI 强劲增长 22%，这反映出我国在吸引外资方面面临着极大的国际竞争。尽管如此，2015 年我国是世界第二大外商直接投资的流入地，仅次于美国。从外资在我国内地的分布来看，近年来，随着中国区域发展格局和各地竞争力的变化，外商直接投资在中国的区域选择开始发生变化，长三角和环渤海地区外资流入相对增加，珠三角地区外资流入相对减少。

虽然广东省的外商直接投资在总额上呈明显增加的趋势，然而增长率却自 20 世纪 90 年代中期缓慢下降。广东省外资主要分布在发达的珠三角地区，从产业分布看则主要集中在第二产业和第三产业。随着广东省经济结构转型升级的提速、劳动力价格的上涨、消费者购买力的增强和消费结构的转变，外商投资的加工贸易性质正在逐渐减弱，同时其以市场为导向的性质正在增强。由于外商投资有利于广东省人均 GDP 增长和全要素生产率发展，与民营投资增长有此消彼长的相互作用，政府应继续调整、完善招商引资政策，以吸引更多更优质外资；政府及智库需不断并及时调研以总结出适合外资的产业领域，引导外商投资流入资本稀缺行业，避免外资与民营投资恶性竞争；引导外商投资流入高新技术产业和绿色产业，为广东省经济可持续发展发挥更加积极作用；引导外资流向不发达的粤东、粤西和粤北区域以发挥这些区域地域宽广和劳动力相对低廉的优势，同时继续发挥珠三角区域在地理、科技等方面的优势；深入推进粤港澳服务贸易自由化，吸引外商在先进服务业进行投资，增加此类从业人群的就业机会；全面推进自贸区的建设，开辟、提升开放型经济新格局；同时借力"一带一路"建设的东风，更加积极参与建立国际经贸合作区，进一步提升广东省在国际经济合作中的形象和实力。

参考文献

［1］卜永祥等：《中国实际经济周期：一个基本解释和理论扩展》，《世界经济》2002 年第 8 期 。

［2］陈昌兵：《可变折旧率估计及资本存量测算》，《经济研究》2014 年第 12 期。

［3］龚六堂、谢丹阳：《我国省份之间的要素流动和边际生产率的差异分析》，《经济研究》2004 年第 1 期。

［4］郭庆旺、贾俊雪：《中国潜在产出与产出缺口的估算》，《经济研究》2004 年第 5 期 。

［5］刘明兴：《美国小企业的融资结构与体制》，北京大学中国经济研究中心网站 2002 年。

［6］单豪杰：《中国资本 K 存量的再估算：1952～2006 年》，《数量经济技术经济研究》2008 年第 10 期。

［7］宋海岩、刘淄楠、蒋萍：《改革时期中国总投资决定因素的分析》，《世界经济文汇》2003 年第 1 期。

［8］王小鲁、樊纲等：《中国经济增长的可持续性》，经济科学出版社 2000 年出版。

［9］张军、施少华：《中国经济全要素生产率变动：1952～1998 年》，《世界经济文汇》2003 年第 2 期。

［10］张军、吴桂英、张吉鹏：《中国省际物质资本存量估算：1952～2000 年》，《经济研究》2004 年第 10 期 。

［11］广东省经济监测与展望研究课题组：《广东省经济发展报告——全球经济分化和三期叠加下的广东省经济：预测、分析与对策》，经济管理出版社 2015 年版。

［12］Ao X. and Fulginiti L. （2003），"Productivity Growth in China：Evidence from Chinese Provinces"，First Draft：March.

［13］Deng X. and Li J. （2004），"The Factors of Regional Economic Development in China"，*Management World*，11.

［14］Hall R. E. and Jones C. I. （1999），"Why Do Some Countries Produce So Much More Output per Worker than Others?"，*Quarterly Journal of Economics*，114 （1）：83 –116.

［15］Jorgenson D. W. and Stiroh K. J. （2000），"Raising the Speed Limit：U. S. Economic Growth in the Information Age"，*Brookings Papers on Economic Activity*，（1）：125 – 235.

［16］Krüger J. J.（2003），"The Global Trends of Total Factor Productivity：Evidence from the Nonparametric Malmquist Index Approach"，*Oxford Economic Papers*，55：265 – 286.

［17］Mankiw N. G.，Romer D. and Weil D.（1992），"A Contribution to the Empirics of Economic Growth"，*Quarterly Journal of Economics*，107：407 – 437.

［18］McQuinn K. and Whelan K.（2007），"Conditional Convergence and the Dynamics of the Capital-Output Ratio"，*Journal of Economic Growth*，12：159 – 184.

［19］Wan G.（2001），"Changes in Regional Inequality in Rural China：Decomposing the Gini Index by Income Sources"，*Australian Journal of Agricultural and Resource Economics*，45（3）：361 – 382.

［20］Young A.（2000），"Gold into Base Metals：Productivity Growth in the People's Republic of China during the Reform Period"，Working Paper，*NBER Working Paper Series*.

［21］Zhang Z.，Liu A. and Yao S.（2001），"Convergence of China's Regional Incomes，1952 – 1997"，*China Economic Review*，12（2/3）：243 – 258.

［22］Zheng J. and Hu A.（2004），"An Empirical Analysis of Provincial Productivity in China（1979 – 2001）"，*Journal of Chinese Economic and Business Studies*，4（3）：221 – 239.